三菱電機常務
米国フューチャー500創立者
木内 孝

New Economy

ニューエコノミー

熱帯雨林からの4つの提言

toExcel
San Jose New York Lincoln Shanghai

未来ブックシリーズ

ニューエコノミー

熱帯雨林からの四つの提言

木内　孝

最高に強い種が、最高に知的な種が、生き残るわけではない
周囲の変化に最も敏感に適応した種が、生き残る

ダーウィン「種の起源」

"It is not the strongest of the species
that survive, nor the most intelligent,
but the one most responsive to change."

Charles Darwin

推薦のことば

「世界に今、環境ビジネスのルネサンス期が花開くか否かは、ひとえに大企業トップらの力量にかかっている。日本はミスター・キウチという萌芽を得た」

エモリー・B・ロビンス

（ロッキーマウンテン インスティテュート）

●

「持続可能な地球に必要な我々の行動とは何か。タチ・キウチと私はお互い瞬時にそれを理解し合えた。その理解は長時間の話し合いではなく、一緒に腕立て伏せをすることによって生まれた」

ポール・ホーケン

（ナチュラルステップ）

Whether or not there occurs a renaissance movement in environmental business today depends solely on the top executives of the corporate world. In Japan, we have a great new hope in Mr. Kiuchi.

Amory B. Lovins

(ROCKY MOUNTAIN INSTITUTE)

•

What activities are necessary for us to achieve a sustainable environment? Between Tachi Kiuchi and myself, mutual understanding on this issue came instantly. This understanding was not the product of lengthy discussion but rather came from simply doing push ups together.

Paul Hawken

(THE NATURAL STEP)

目次

教訓4

・編集協力――吉田敬史
三浦悟朗
・装幀――川上成夫
・装画――磯野宏夫

プロローグ

名物編集長に疑問をぶつける

『文藝春秋』。七五年前の一九二三年に発刊されたこの月刊誌が好きで、私は高校生の頃から読んでいた。

初めの頃から感心させられたのは、その目次だった。

編集者は、いったいどんなことを考えながら雑誌をつくっているのか。毎月毎月盛りだくさんの企画とアイデアを頭からどうやってひねり出し、取材して記事にしているのか。時間的制約のある大変な作業のはずだ。しかし、もしそこにノウハウというものがあるのなら教えてほしい。ぜひとも知りたいと思っていた。

思いが強いと、実現する——。

不思議なもので、ある時家族みんなで信州に旅行中、列車の中で偶然その月刊雑誌の編集長に会うことができた。その人は名物編集者で著名であり、父がたまたまよく存じ上げていた。私はかねてからの疑問を直接編集長自身に聞いてみたいと思い、それとなく父に相談すると、「たずねてごらん」という。

車窓にもたれ、文学評論家と酒を飲んでいた彼にやおら挨拶をして、私は胸のうちを思い切って明かすと、彼は赤い顔を一瞬緊張させ、間髪入れずに、

「それは君、簡単だよ。僕は自分で読みたいものを毎月編集しているだけなんだ」

と言い切った。そして表情はもとのようにやわらぎ、少し笑みを見せた。

至極名言である。

自分の読みたいものをつくる。それが編集長か。

目からうろこの落ちる思いだった。

私は本書を、一企業人として自由気ままな視点から綴ってみた。

こんな未来企業があったらいいなあ、企業がこんな組織であったら、こんな経営であったらいいなあ……、というトップとしての熱意が、直接提言につながっていった。だから
これは提案の書である。実現にはまだまだほど遠い状況であるが、私は過去の経緯から確信はしている。いずれ近い将来、必ずや企業は利潤と環境保護を一致させ、新しい経済(ニューエコノミー)は世界の古い経済(資本主義)にとって代わると――。

企業、事業体のトップに立つ人々は、自らが編集長となって、夢として描くデザインに今こそ向かってほしい。

未来を見通し、自社の理想形を求めてほしい。そう心から願ってやまない。

〝くだらないことで議論をするな〟

子供の頃から、私には父から諭された忘れられない〝言葉〟がいくつかある。それらは一種の教訓として、後の私の人生のなかでことあるごとに思い出され、また厳しい戒めにもなってきた。

私には四つ半年上の兄がいて、子供の頃からとても仲がよかった。いつも一緒に鶏を育てたり、いろいろなゲームに興じた。野球や相撲については、ああでもないこうでもないと試合や勝敗について議論したものだった。すると通りがかった父がよく、

「君たちは、そんなつまらないことに頭を使っているのか」

と言う。

最初は、何を言っているのかわからなかったが、後で説明されて理解できた。つまり、人間は頭脳を鍛えて知能を高めなくてはならないけれども、もともと人間の脳のキャパシティは無限ではない。鍛えたり修練するにも限界がある。だから、有意義なことがらに頭

を集中して使い、議論すべきだ、と父は言うのだった。

今でも私は社内で仲間や部下との間でたびたび話題にする。何をたずねられても答えることができる人よりも、余り重要でないことに対しては「私は知りません」と答える人の方が、将来は期待できると――。無駄なことに頭を使わない、どうでもよいことを記憶したり神経をすり減らさない。

普遍的な、含蓄のある〝教訓〟だと思う。

そして三八年前の自動車事故の時は、さらにもう一つの〝教訓〟が、私を根本から反省させ、納得させたのである。

四〇フィート崖下に墜落

三菱電機に入社後、カナダのブリティッシュ・コロンビア大学の大学院に留学した私は、二〇か月後に経済修士を取得。卒業式を終えると、パーティでしたたか祝杯をあげて、その余韻も冷め止らぬうちに、カナダ人、フランス人の友人とともに三人で北米大陸横断の卒業旅行に出発した。

二日目の朝、英国製のオンボロ車、オースチンを運転していた私は、カナディアンロッキーの毒気に当てられたのか、不覚にも途中で居眠りをしてしまい、一瞬、前後を見失った。

「バサバサッ！」と道路沿いの草木を薙ぎ倒す衝撃音と目の前の景色が最後の記憶となり、私たちはあっという間に四〇フィート下の森の中の崖下へ、真っ逆さまに墜落していた。

バッテリーしか原形をとどめていないほど車は大破し、現場に駆けつけた人は、全員即死と思ったらしいが、幸運にも同乗の二人の友人は軽傷で済み、運転手の私だけが重傷を負った。意識不明のまま、現場から百キロ以上離れたトレール市のタダナックという病院に緊急輸送されて、私は一時危篤状態となった。ベッドの上で意識を取り戻してはじめて、自分の顎の骨が完全に砕かれていることに気づいた。

病床で、鼻から下が全く機能しない私は会話をすることができず、長い間、何日間かわからないがとても長い間、輸血の管を差し込まれた身体を横たえ、いろいろなことを思い起こす時間を与えられた。

三菱電機に入社して、四か月間の工場実習を経験した時、これから先の十五年、二〇年、三〇年後の自分の姿を想像し、会社の中で自分はどのような仕事ができるのか、どうすれば会社の役に立ち、また自分なりの満足感を持って活躍できるかを真剣に考えたことがあった。そしてこれからはきっと海外の時代になる、三菱電機は海外できっと発展するだろうと予感したのである。

海外で勝負するなら、これまでと違って、一人ひとりが語学ができなくてはならない。外国語を自由に話せなくては仕事も満足にはできまい。そう思い、決心したのがカナダへの留学だった。

また欧米先進国の習慣、マナー、エチケットやビジネスの基本、仕事の進め方についても学んでみたい……。どんな人々、どんな考え方を持った人々が事業をしているのかぜひ勉強したい、と思った。

一言でカナダ留学というが、四〇年前の外国への留学は、なかなかの難事業だった。だいたい、中学、高校、大学と八年以上英語の勉強をしていたが、葉書一枚英語で書けない。外国から大学の案内書を取り寄せるのも容易ではなかった。

いろいろな奨学金に応募して、やっと千ドルの奨学金にありついて、会社から六万円の餞別金を頂戴して日本を離れたのだった。

あれから一年八か月後…、無事に学位は習得したが、卒業式の二日後に、こんな事故に遭ってしまった…。

命だけは助かった…、よかった。俺は運がよかったんだ…。

その時何度も何度も脳裏に浮かんでは消え、消えては浮かんできたのは、父のこと、母のこと、兄のこと…。この事故を知ったら、どんなに苦しむだろうか、それればかりが気がかりだった。馬鹿なことをした、と悔やまれた。

そして父にいつも諭されていた〝教訓〟が鮮やかに蘇り、ベッドの上の私を戒め、励まし続けていた。

〝森〟から学んだはじめての教訓

「なんでも好きなことをやるがいい。しかし、死んじゃいかんよ…」

小さい頃から何度も聞かされていた言葉だった。

「やりたいことを思う存分やるのはいいだろう。大いにやれ。自分で定めた目的をどこまでも追求するのはいいことだ。しかし、死んでしまってはなんにもならない。前後未確認の無謀なことは避け、いつも用心して、命を軽んじるんじゃない」

――今でも瞼に焼きついている光景――草木を薙ぎ倒し、突き進む車のフロントガラスから見た前景と重なって、私の意志に反して何度も鮮明に思い起こさせられた。

重傷で危なかった最初の四、五日は特に、輸血でかろうじて命をつないでいた。六日後に手術台に乗った私は、その間何度も父の〝教訓〟にうなされ、〝教訓〟の試練を受け続けた。

それはまた、大事に至らなくてよかった、死を免れたという安堵感にもつながった。

〝森〟が初めて私に示した〝教訓〟であった。

向こう見ずもいい。やりたいことをやり、目標をどこまでも追求するがいい。しかし、それは生命が続いてこそ意味もあり、実行する価値もある。死ぬ危険が少しでもあれば、それは未来のない現在に賭けることと同義である。

社会、私たちの国についても同様のことがいえるだろう。

持続可能な社会、持続可能な地球をしっかりと見据えた開発によって初めて、未来は国民を富ませ、今より潤った社会基盤を約束してくれる。予定調和を実現できる。

結果的に不特定多数の人々の利益を害してしまうものは、結局、それから後も持続できない、死に至る行為につながってしまう。一時的によくても、よく見えても、先では破滅が待っているのは必至だ。いずれは破滅が訪れる。

今、私たちの生きるこの地球は、知らず知らずのうちにはめをはずし過ぎ、不要な過労で居眠り運転をしているかのようだ。コースアウトの可能性が大である。知らず知らずのうちに、崖っぷちの直前に突っ立ってはいないだろうか――。

断崖絶壁へつながる道、それは持続不可能な〝死〟の世界への入口でもある……。

では、真の持続可能とは何か。

持続可能な社会、地球。それを実現する企業の持続可能な開発とは……。

長い間、それは明確な現実の姿を持って私の前に立ち現れることはなかった。

とても長い間である。

ところが、今から五年前ほど前のことだ――。

三菱電機アメリカの会長だった私は、初めてマレーシアのサラワクの地を踏み、熱帯雨林を垣間見て、初めてそこに持続可能な地球のモデルを見い出したのである。

持続可能な社会を築く、持続可能な企業の〝デザイン〟。無限の可能性を秘めた〝システム〟を、私はそこに見い出し、学ぶことができた。

それは、熱帯雨林特有の

極端までに無駄のないデザイン
完全な自給自足がなされ、廃棄するものが一切ない世界
その時その時の環境で一番最適なものが維持され、流転する生態系
ミニマムの資源で、最大のアウトプットがなされるシステム
何千種、何万種の動植物が無駄なく支え合い循環する、持続可能な社会性

である。

本書は、持続可能な地球、社会、経済を実現すべく、持続可能な企業の未来、経営モデルを熱帯雨林に見い出した提言、試みの一書である。

第一章　熱帯雨林との出会い

環境対策はまだ交響楽の第一楽章

この本のテーマは、新しい経済（ニューエコノミー）。

新しい経済を構築し実現させる企業の条件について、いろいろと提言したいと考えているが、わが国における環境と企業、あるいは環境と経済利益の関係の模索は、まだ長い長い道のりを歩き始めたばかりである。

具体例として、企業が環境に対して行ったさまざまな政策と試行、企業の組織的変貌と環境に与えた貢献を本当は申し上げたいところだが、企業の環境対策はまだわずかに四半世紀足らずの歴史、ドラマである。交響楽に例えれば、今はまだ第一楽章といったところか……。

第一楽章の第一テーマが終わったあたりに、私たちはいるのかもしれない。

第二テーマ以降、どんな展開になるかは、神のみぞ知る筋書きなのである。

本書で申し上げるすべての提言は、私たち三菱電機がすでに実際に行っているものもあれば、いまだ模索中、検討中のものも当然ある。その線引き、境界線は複雑で、一つひとつの明確な選別は煩雑で極めて難しい。

エコノミーという言葉は、「エコ」で始まる。経済とは、その概念そのものが「効率的な使用」「節約」「再利用」「ムダを省く」という意味を内包していたに違いない。

企業人はエコノミー、エコロジー、エコシステム、この三つの観念をバラバラに捉えることなく、互いが重なり合って同一化する、全体的で完全な意味での新しい経済観を築かなくてはならない。

それがニューエコノミーではないだろうか。

私たちは社会をどのようにしたいのか。社会をどのように変えたいのか。ではなぜ変えなければならないのか。

今のどこが問題なのか。今の経済の、企業のどこが持続不可能なのかを、しっかりと見極める必要がある。そしてどんな素晴らしい共同体にするのか、したいのか。私たち企業人自身が、どのように目標を立て、意識改革を行い活動すべきか。それがまず第一の取っかかりとなるであろう。

地球は三つ必要

経済は、地球規模で大きなうねりを上げている。

かつての経済的発展途上国が大発展を遂げる中で、世界経済への影響を強め、逆に欧米、日本の経済に対して、主導的な〝力〟を持ち始めようとしている。

例えば、アジア。

中国、東南アジア諸国、インド……。アジア諸国がこれまでの勢いを持続したまま、今後も経済的成長を続けていくとは考えにくいが、少なくともアメリカ、西欧、そして日本の、総計七億人が体現しているインダストリゼーション、工業化社会は、彼らの台頭を認めている。

アメリカ、西ヨーロッパ、そして私たち日本の、世界経済を代表する七億の人々は、今、とても豊かな消費社会を満喫し、享受しているが、ここまでに至った歴史は長きを経ず、わずか一七〇年ほどで駆け足で成長してきた〝成り上がり者〟である。

ここで仮に、経済的に台頭してきている東南アジアや中国、インド、あるいは東ヨーロッパの人々が今、現在の私たちが体験できている裕福さと同等なもの、同等の経済的余裕を求めてきたらどうなるだろうか――。

「それは無理だ」

といえるか。七億人のいわゆる〝先進国〟の人々が、地球が包容できる裕福さには限界があるという理由で、彼ら何十億の人々の参加を拒絶できるだろうか。

否、もちろんそんな権利は私たちにはない。

「あなたたちまでが、そんな消費体験を持ってもらっては困る」

とは誰もいえまい。彼らが我々の家にやって来て、

「私たちも車が欲しい」

「私たちもこんな家に住みたい」

といった時、

「そんなことをされたら地球はパンクしてしまいますよ」

とはいえないのである。

だからこそ、今までエコノミー・オンリーで生きてきた人、企業人、事業体のトップは、ここで想念の転換を試みて、彼ら〝後から来た人々〟も満足できる新しい道、新しいビジ

ョンを持って、その実現に向かわなくてはならないのである。

ある著名な経済環境学者はいう。

〝総計七億にのぼるアメリカ、西ヨーロッパ、日本の人々の生活を、世界中の人々が経験しようとするならば、地球はあと二つ必要になる〟

と。

つまり地球は、我々の立っているものも含めて合計三つなくては、それは不可能だというわけである。今のままでは、世界中の人々すべてが裕福な消費を享受することはできない、と専門家は指摘する。このことを我々は真剣に考えなくてはならない。

三菱電機が熱帯雨林を禿げ山にしている!?

六年前、三菱電機アメリカの会長だった私のオフィスの机上に、突如ゴムバンドで束ねられた手紙の束が届けられた。

あて先は、確かに私になっている。三菱電機で間違いない。テキサスのコーパスクリスティーという町にある小学校の生徒たちからだった。

三〇通近くあったその束に一通り目を通すと、内容はみな共通した主旨であり、いわゆる〝三菱はけしからん〟というお叱りの手紙だったのである。私はこの予期せぬ抗議に少なからず驚いた。

〝三菱（スリーダイヤモンドマークがついた会社）という日本の会社が、世界中の熱帯雨林を伐採（クリアカット）し、至る所を禿げ山にしてしまっている。環境破壊も甚だしい〟と、たどたどしい英語で綴られ、止めるようにと訴えている。

私たち三菱電機は、エレクトロニクスの企業である。森林資産はなく、木材製品も製造していない。使用する紙、木材など微々たるものである。これは三菱の名前を冠した他の別の会社と間違えているな、とすぐわかった。

するとそれから二～三週間後、今度はコロラドのボールダーという町の小学校から、なんと四四通もの手紙がまたもやドンと配達されてきて、いささか楽観的な私も、いよいよこれは大変なことになってきたと感じたのだった。

抗議の手紙すべてに返事

アメリカで仕事をし生活する上で、心がけていたことが一つある。いわばポリシーのようなものだが、それは、アクセスしてきた人に対してきちんと答えるということである。三菱電機アメリカのトップとして、どんな人に対しても、大人であろうと子供であろうと意見を提示してきたら、こちらも極力対処することを努めてきた。

私、もしくは私が代表する会社に対して、なんらかの意見をいってきた人には、個人として、企業の代表として、そして一アメリカ住民として応対する。会話を交わし、文書で来たら、文書で返事を出す。

一つの抗議、議論に対して、絶対にノーコメントを貫いたり、無視して逃げ腰になることがないよう私は腐心してきたつもりだ。あなたの考えに対してこちらの考えを示すという姿勢を一貫して貫いてきたのだった。だから、私は驚きつつも、早速返事を書くことにした。

その後も手紙の大群は組織的に繰り返されたが、私はめげることなく、丹念に返書を送り続けた。

相手が小学生であろうが、あるいはおじいさん、おばあさんであろうと関係ない。彼らが将来、三菱電機の大切な顧客となるかもしれない。

一般世論、世間は、三菱と聞けば、三菱自動車も三菱商事も三菱電機も、皆同じ会社としてひとくくりに考えるのはしょうがないことだ。企業マークが同じスリーダイヤモンドだから、混同も仕方がないだろう。三菱電機は三菱各社とは五〇年も前の一九四六年から別の独立した会社になっていると説明しても、意味のないことだと思った。

アメリカの人々はおおむね、一方の会社が他方を所有しているか、第三者が双方の会社を所有して関係があると、三菱の名のついた会社をひとまとめにして考えているようだった。

身近な大型テレビや自動車にスリーダイヤモンドのマークを見つけて、熱帯雨林を破壊する企業の代表だとして抗議してくる。

そんな事情で、アメリカ人に別会社であることを説明することは、かなり以前より諦めてしまった。

問題解決こそが新しいビジネスを生む

結局、何千通と返事を出すはめになったが、辛抱強く返答をしているうちに、ある時、私はふと〝熱帯雨林の現場を自分の目で確かめ、事実をしっかり知っておかなくてはならない〟と考えるようになった。

企業名の混同をあれこれと説明したり、理屈づけしたりするのは、いわば逃げだ。それよりも、真っ正面からこの問題に対峙して、行動を起こすことの方がよほど問題の解決も早く前向きだ、と思うようになった。

どのみち、環境問題は企業人にとって必至の問題になる、そう考えていたから、私はもうすぐにでも現地に出かける気持ちになった。

逃げず、他人に委譲せず、問題を唱える声に耳を傾け、努力をし、問題解決を果たしてニーズを満たすことが、結局のところ一番の近道である。

〝問題を解決すること（環境を救うこと）に、ビジネスチャンスが秘められている〟。事業体が新しい市場を見つけ、新しい利潤を得る方法はこれだろう。

遠回りのように見えて、実は最も近い道。根源的な問題解決、道を開き発展への足がかりを見い出せる唯一の道がそれだった。

私は以上の理由から実際に熱帯雨林の現状を視察するため、一九九三年の夏、東マレーシアのサラワクを訪れることにした。

社のクライアント・リレイションという部署（いわゆる御客様相談室）の責任者に同行を願い、七月の暑い真っ盛り、熱風と湿気のジャングルの匂いを嗅ぎながら、ヘリコプターで北ボルネオ、サラワクの、熱帯雨林の真っ只中に降り立った。

私の目覚し時計となった熱帯雨林訪問

自然の森林を無闇やたらに伐採し、輸出するその実態の真実を知りたい、自分の目で実際に確かめたいと、サラワクの蒸せるような熱帯雨林の中へ入って行った。

ところが、マスコミや世間でイメージされていることと、自分が現場に行ってみて見たこととは、こんなにも違うものかと、正直いって驚いてしまった。

村はずれの試験場兼実験場で、森林研究の専門家たちと会うことができた。

伐採の跡地に再び植林をする再植林の調査現場も見学することができたのは、私にとっては、非常に示唆に富むものであった。環境問題の専門家や、あるいは商社など企業の幹部たちとも話し合いをし、情熱を持って語る彼らの政策、熱帯雨林の環境的未来、その計画について知ることができた。

なによりも、私はそこで多くのものを感じることができた。

熱帯雨林の素顔を垣間見、その外形のデザインと一歩足を踏み入れた中の生態系のシステムは、企業経営者としての、その後の私の人生を一八〇度変貌させてしまうほど、多重な意味を持つ〝教訓〟を与えてくれた。

私は、アメリカのテレビ番組などでゲストに呼ばれると、勇んで出かけた。マスコミに請われればあらゆる場に出席し、しゃべり続けた。そして、三菱電機アメリカの会長として発言することで、自社をマスコミに理解してもらうよう努めた。マスコミに本当に理解される企業が国民の支援を広く受けることができるという持論があったせいである。

環境に関するテーマで議論する時は、特に熱が入った。私はいわゆる環境保護団体の語る伐採のイメージと実際の伐採の実情との違いを訴え、議論し、サラワクでの大変有意義

熱帯雨林を視察して以来、著者の環境問題への本格的な取り組みが始まった

な経験を十分に活かしたのだった。

現実に熱帯雨林の現場を視察し、現実はこうだったと語ることは、議論では言葉にパンチ力を持ち、相手にヒットした。テレビへの出演はまた、環境保護を訴える人の中にも、いかに現場を知らない人が多いかがわかって興味深かった。

説得力ある説明は、やはり臨場感である。議論をするなら、そのテーマに関していかに現場に足を運んで、労を惜しまず、本当の事実を知り、有識者の意見に耳を傾け、現状を前後左右上下からいかに認識するかが大変必要だと感じた。

熱帯雨林からのメッセージ

ところで私は、極めてインパクトのある〝教訓〟を、熱帯雨林訪問からいろいろと啓示され、啓蒙された。

それは、熱帯雨林の実際の様相からのメッセージであった。

森全体に施されたシステムに私はまず感銘を受けた。

ショックに近い驚きであった。単一の樹木がただ立ち並んでいるのではない。実に多種多様な樹木がひしめき合い、無数の生命が芽生え、育ち、生き、成長して死んでいる。循環性があった。そしてひとたび中に足を踏み入れれば、そこには普通の森とは違う独特な匂いが充満していた。

以前、アメリカのある大学で、キャンパスの中にマンモスのような温室をつくり、熱帯雨林を再現している場所に行ったことがある。そこで経験した匂いと同様な熱帯雨林特有の匂いを感じたのである。

日本人が想像する森のイメージは、杉の木などが一定の間隔をおいて植えてあったり、どちらかというと林としての印象が強いだろうが、熱帯雨林はもう根本的にスケールが違った。

熱帯雨林は全体で一つの世界を築き上げ、そのデザインがシステムを形成し、生物図鑑に掲載されている大半の植物、動物が豊富に生存し、ひしめき合い、共存する、いわば小宇宙といえた。

そこにはさまざまなメカニズムがあり、無駄が徹底的に省かれ、存在するすべてが完全に活かされ、命あるもの死ぬものすべてが適材適所で機能し、循環サイクルに組み込まれている。

誠に厳かな空間、ステージであった。

自然再現は不可能

直径一メートルもある大木が三本、トラックに積み込まれ運ばれるシーン。森が焼かれ畑として開拓されようとしている広大な禿げ地。先日、アジアのある熱帯雨林を伝えるテレビ番組を見ていた時のワンシーンである。

なぜこんな酷いことをと、誰もがそのシーンを見れば思うだろうが、その国が抱えている経済的背景がある。伐採→輸出にストップがかけられず、このような森林破壊に歯止めをかけられない原因の一つは、その国の貧しさにある。

私が視察した時、現地で多くの科学者、さまざまな分野の研究者たちの仕事に立ち会うことができた。彼らは例えば、一昔前に伐採されさら地となった森の跡に植林を試み、成育状態を観察する実験も盛んに行っていた。

植えられた木々は、自然の木よりも発達が早く、どんどん枝を伸ばして幹を張り育つ。単一の樹種でみれば、人工で植えた樹木のほうが、自然の熱帯雨林よりも発育がいいという話もあった。わずか二〇年で成長した人工成育の木と、八〇年経った自然の幹の太さが、ほぼ同じという実験結果も見せてもらった。しかしはっきりしているのは、人の手で熱帯雨林をつくり上げることは、できないということである。

「これ以上木を切るな」という世界の声と、現地の貧困に起因する伐採の必要性。そして木材の輸出。そんなおり、森林保護を訴える極端な動きの一つとして、いわゆる環境保護のさまざまな団体運動が80年代の半ばから次第に目立つ動きを始めた。

戦えないなら一緒になろう

環境保護団体の中で、特に熱帯雨林保護を主張の中心に据えた運動はアメリカでもいくつか生まれた。

その代表的な団体の一つが、通称ＲＡＮと呼ぶ熱帯雨林行動ネットワーク（Rainforest Action Network）である。北米中心に活動し、日本にも支部があるこの団体は、会員数が現在約三万人。私が最初に彼らを知った当時は、規模も若干小さかったが、その後拡大し会員数を増やしている。

彼らRANは、アメリカ国内で私たち三菱電機や三菱自動車を攻撃のターゲットにしていた。彼らは、熱帯雨林の伐採をしている企業に圧力をかけるつもりだった。三菱のブランドの二大製品をボイコットする運動を起こし、全国的規模で小学生まで巻き込んで、私たちに何千通に上る手紙攻勢までかけてきたわけだ。

私はこのRANと、当初より対立をなるべく避け、話し合いによる協調を呼びかけていた。いわゆる「戦えないなら、一緒になっちゃえ」(If you cannot fight, join them.)である。

私はそれを念頭に置きながら対応を考えてきた。争えないのなら、競争や喧嘩を避けたいと思うならば、いっそジョインしてしまう。そして、できるだけ話し合おう。

対話の場を持つ勇気と、根気ある会合の繰り返しで、やがて両者を分けていた諸状況の枠を撤去させ、歩み寄りを自然に起こさせる。それを心がけた。

私としては、会社のトップとして、なんとしてもこのようなボイコットは止めてほしかった。だから、彼らと対話の機会を持つ場を積極的に設けることにしたのだ。

RANは公共の組織であり、財政の内容を一般に公表する義務がある。私たちは早速レポートを取り寄せ、彼らの経済的状況を調べることにした。当時、確か資産は一〇〇万ドル足らずだった。

ところが、最初に手にした一九八九年のファイナンシャル・レポートに続いて、91年版と92年版の資料を取り寄せると、なんと資産額は倍以上、すでに三倍近くに膨れ上がっている。これには正直驚いてしまった。

日本サイドではRANに対して「長続きはしないだろう」「一過性のものだ」と高を括る意見が多かったが、私たちは「とんでもない」と実感していた。「運動はますます大きくなってきている」と。

そしてみんなの反対を押し切って、彼らと対話の道を選んだ。

RANの事務所に最初に出向いた時のことは、今でもはっきり覚えている。

サンフランシスコにあるその事務所は、いわゆるボランティアと称する人々で活気に溢れていた。みんなが生き生きとして働いている。壁面いっぱいにメイルボックスが備えつけられ、ボランティアたちがRANのパンフレットやリーフレットの入った封筒を仕分けしている。ボックスは目算でざっと三百ぐらいあったであろうか。てきぱきと動き回りメイル作業をする彼らを端から見ていて、私はとてもじゃないがこれは競争できる相手ではないと感じた。うちの会社よりよっぽどみんな目を輝かせて働いているではないかと、不謹慎にも思ったりしたものだった。

RANのリーダーを会合に招聘

RANのリーダー、ランディ・ヘイズ博士と会談した後、私は思い切って彼を自分が主催している三菱電機アメリカの社長会に誘ってみた。

「その席で四〇分あげるから、話をしに来てほしい」

と頼んだ。

彼は来た。一人の女性を引き連れて。彼女はスーザン・J・バーンズといい、後に紹介するナチュラル・ステップ推進メンバーの一員であった。

社内では、会合へRANのリーダーを招聘することに対して、ずいぶんと乱暴なことをすると批判もあったが、押し切って実行に踏み切った。

すると、百聞は一見にしかず、我々は互いにいくつかの共通点を見い出し、また互いが持っていた共通の意見、思考の傾向などを認識することができ、その後、一回一回の対話がじつに実のある会合になっていったのだった。

また、思い切って対話の場を設けたことが、それ以後の私たちの環境対策に多大な影響を与える、ナチュラル・ステップとの出会いにもなったことは、望外の喜びだった。「勇猛にして道開く」を地でいった感じだった。

アメリカでの製品ボイコットはなかなかストップがかからなかったが、両者の歩み寄りによる前向きな関係は確実に前進し、みんなの認めるところとなった。同時に、私たちはただ単に顔を突き合わせて語り合うだけでなく、第三者をその場に介在させてみることも次のステップとして考え出した。

研究所や大学に所属する学者、研究者、知識人たちを数人集めて、会合に参加してもらい、客観的にジャッジしてもらうのだ。

果たして三菱電機の主張していることのどこが悪く、どこが良いのか。そして日本の産業と熱帯雨林との関係、伐採と熱帯雨林を持つ国々の貧困など、さまざまな事象に対し比較検討をし、何が悪く何がいいのかをきちんと意見し、述べてもらう結果になった。

環境保護運動の活動家（アクティヴィスト）たちも、第三者の同席したテーブルでは冷静になり、こちらの意見にも耳を傾ける姿勢を示す。ロッキー・マウンテン・インスティテュートのエモリー・B・ロビンス博士や、グローバル・フューチャーズのビル・シャーマン氏らは、私たちの要請を快く受け、第三者の立場から研究し、交渉、講演などの活動をしてくれることになった。

今、電気製品、自動車の長いボイコット運動に終止符を打つべく、RANと私たちの交渉は、最終的な合意に向かい前進を続けている。本当のところ、祈るような気持ちでRANと私たちの協力関係が崩れないことを願っている。

第二章

〝熱帯雨林型経営〟をめざす
古い経済体質から脱皮を図る四つの教訓

この章では、私が熱帯雨林を間近に体験し、そこから得た貴重な思惟、企業人として学んだ大切な〝教訓〟を、具体的に述べていきたいと思う。

〝教訓〟は全体で四つに分けられる。

熱帯雨林から学んだ四つの原則であり、提言である。

教訓1
「常にアンテナをはり、先を見よ！」

いろいろな学問的見地から、科学者、研究者たちが放つ環境破壊への警鐘は、事実のデータによって裏づけられているだけに、切実である。

抜き差しならぬ具体的な数値によって、彼らは一般庶民にもわかりやすく、未来の危機を予見している。

あたかも世界は今、前述の私が起こした事故のように、危険の一歩手前にあるようだ。

無駄に体力を消耗し、過労から来る居眠りだろうか、人々を乗せた車のハンドルを握ったまま、指導者は断崖絶壁に向かって突進している――。

ある意味で盲目的で、またある意味で刹那主義的といえるかもしれない。

しっかりと目を開けること――。

東マレーシア、サラワクの熱帯雨林はまず最初に、私にそう語りかけてくれた。

前を注意し、絶えず警戒を怠らないこと。

そうすれば、まず第一に、地球人口のわずか一〇パーセント足らず、西ヨーロッパ、アメリカ、日本の、約七億に満たない人々が、今日の産業社会の物質的便益のほぼすべてを実質的に享受していることに気づくはずである。

この七億の民に、急成長を遂げる東南アジア、中国、インド、東ヨーロッパなどの二五億の人々が加わったら、どうなるか。彼らは我々と同様に、同程度の便益を自分たちも享受したいと望むはずである。

しかし、後から来た彼らの消費を受け入れる容量は、もはや地球にはない——。新しい二五億人の人々が、現代の産業社会の共益を一緒に享受しようと試みたら、地球は一個では足りず、三つ必要になるということは前にも述べた。

我々人類に残されているのは、一個の地球であり、たった一つの惑星なのだ。消費はこの瞬間も、確実に増加し続けている。

また人口増大で世界規模で居住地域は失われつつある。

依然として何十億もの人々が貧困に喘いでいるという事実を残して。

新しい生活方式、新しい環境に対する関わり方を、私たちは早急に考え出さなくてはならないのだが、おいそれとできることでもない。

垂れ流しではなく、満ち足りることをめざした経済の環境対策を学び、システム化し、実践していかなくてはならない。

もちろん、私たちはさまざまな社会的背景の集合体に所属しているため、例えば家族、住む地域社会、そして職場、国籍を有する国家と、さまざまな集合単位の中で生活し、生きなければならない。そのどの所属においても、それぞれが社会的な公平さで保たれつつ、有意義な仕事につけ、この地球が許容できる範囲内で繁栄し続けるような共同体でなければならない。

繁栄し続ける人類共同体をめざすには、環境へのツケを最大限減らすよう努力しなければならない。

人口爆発、居住地域の環境破壊、資源の消費……、確かに私たちを不安にさせる兆候は枚挙にいとまがないが、絶望的でもない。21世紀が近づくにつれ、希望の兆し、まったく新しい時代の夜明けの匂いのようなものが感じられる。

熱帯雨林に生息するすべての生き物は、すべからく周囲に敏感であり、用心深い。そして周囲の変化に、即座に対応して、自らをその潮流に適合させていく。

それは見事なまでの適応力である。

「常にアンテナをはり、先を見よ!」。

新しい時代は、人間の肉体や筋肉を酷使した延長線上にあった機械文明、私たちの築いたベルトコンベア式の工業社会よりも、もっと先にある未来を望見させてくれる。産業エコロジーを経済として実現させる時代である。

長期事業計画「ビジョン21」とは

この新しい時代を先取りするためには気をキャッチするアンテナをはることである。例えば三菱電機では一九九四年、すでに長期的な事業計画を策定して、前方を見据えている。「ビジョン21」と名づけたこの事業計画は、いくつかの事業領域で卓越すること（社会的・経済的に存在感のある企業となること）が、唯一課題とされていた。

それぞれの事業領域は、重電や家電といった従来の区分や分野ではなく、まったく新しい〝知識の活用に基づく領域〟を基準に考えられた。まとめると次の通りである。

①環境領域（人類インフラの整備）

②エネルギー領域（有限資源の長期的維持）

③ウエルネス領域（根源的欲求としての生命維持）
④アメニティー領域（知的空間、快適生活、知的欲求への対応）
⑤セキュリティー領域（安全の確保）
⑥移動・コミュニケーション領域（人と人との交わりへの対応）

などである。

「ビジョン21」を通じて、私たちは投資対象をハードウェア中心の事業活動から、未来を見据えたサービス指向へと移行を開始した。消費に基づく成長から、知識に基づく成長へと方針転換を図ったのである。

実際、一九九四年には、世界で最初にCFC（フロン）不使用のロータリーコンプレッサーを搭載した冷蔵庫を生み出し、EPA（アメリカ環境保護庁）よりその技術革新が表彰された。

成果は、現実に生まれつつある。

ただ、世界の、地球の環境の変化は甚だ急速である。

成功はさらに引き続いて機敏に、かつ創造的でなくてはならない。思い切った新しい方法による事業が要求されている。

教訓2
「真の利潤はモノからでなく、デザインから生まれる」

最高のメカニズム

熱帯雨林は伐採による木材以外に、人間にとってはさして資本も資源も持たないように見えるのに、なぜ生産性が高いといえるのか――。

実は、熱帯雨林のデザインそのものの中に、資本が秘められているのである。「自然の織りなすさまざまなメカニズム（生態系）の中の最高のもの」という最も重要な資本が、熱帯雨林の設計、森の中の事物相互の諸関係に含まれている。

これを「オモテ」と「ウラ」という、日本特有の二律背反の概念を用いて考えてみたい。「オモテ」は、物事の表面ないし前面を表し、「ウラ」は裏側、見えない部分、あるいは後ろ側を意味する。抽象的な表現をすれば、外向けの現実が「オモテ」、外向けの現実の基調をなしているのが「ウラ」といえる。

サラワクの熱帯雨林を訪れた時、私は突如ある自責の念に襲われた。

木材が象徴したこの自然資源に対して、自分は今まで大変過った見方をしてきたという反省である。それは一事業体のトップとして、世間に与える影響力を考えた時、とても恥ずかしいことであった。

木材という資源は「オモテ」の現実でしかない

熱帯雨林と聞けばすぐ、私たちは多便性のある資源としての木材、つまり原料としての樹木に注意が向く。

私たちは、自分たちの国の受益と生活のニーズを満たすために、森から樹木を切り倒し、持ち出して、原材料にして、さまざまな製品を製造する。

しかし、それは前述のオモテ、ウラの概念に照らし合わせると、本来は末節的な「オモテ」の現実でしかなく、それがすべてではなかった。

木材は熱帯雨林が持つ価値のほんの一部分でしかない。

「真の利潤は、モノからでなく、デザインから生まれる」のである。

本当に価値あるもの、貴重なものは、熱帯雨林の「ウラ」の部分に隠されている。

つまり「ウラ」とは、

熱帯雨林のデザイン

形態

設計された形態が持つあらゆる生産性

デザインから生じるすべての相互関係

である——。

無節操に森林を伐採すれば、デザインは崩れ、生態系に破綻が生じる。熱帯雨林の〝森〟が与える教示は、これ以上の乱獲の必要性ではなく、森のデザインの目的を推進させることだと思う。

人間らしい、人間味のある生態系をより創造的に発展させるための可能性を示唆している。

実現すれば、私たちは今までで最も少ない元手によって、今までで最も多くのことがらを成し遂げ、利潤を増幅させることができる。

縮小することなく、成育し続ける可能性。熱帯雨林のデザインは、それを「ウラ」として私たちにアピールし続けていた。

日常の経済事象に置き換えて考えてみたい。

魔術的創造性を発揮しよう

例えばマイクロチップは、デザインの「ウラ」が活かされた最たる例である。マイクロチップ本体は、その物理的内容にさほど重要性は認められない。成分であるシリカ（珪素）は砂土であり、この地表の土壌で最も多く取れる最も安価な原料といえた。シリカはいわゆる「オモテ」の部分。

ところが、その形状、デザイン、目に見えない部分の芸術的技巧性は、途方もない可能性に満ちていた。人々は知識でシリカの「ウラ」に注目、マイクロチップとして化けさせた。

単なる土中の珪素をマイクロチップとして有用な資材に変えたのは、人の知恵と知性、情報とインスピレーションであった。

最も豊かで最高に有用な資源は、こうしてつくられたのである。

これこそ、完璧な価値の転換を実現する魔術的創造性といえるであろう。

バイオ・ミミックリーとは

私たちはどのようにすれば、モノそのものからではなく、デザインから真の利潤を生み出せるか。

人類は、科学技術の進歩にともなって高度なデザインを生み出す能力を身につけ、さまざまなものをつくり出してきた。人類のつくり出したデザインが地球に溢れるようになった今、それらのデザインがじつはかなり不完全で、効率の悪いデザインであることが自覚されるようになってきている。

カラーテレビは確かに人類の知識や楽しみを飛躍的に増大させる素晴らしいデザインであった。

しかしわずか一〇年前後でその機械が古くなり、捨てる場面になると、その後始末については、カラーテレビの従来のデザインからはまったく欠落していたことが明らかになる。

カラーテレビを構成していた合成化学物質や金属などはこの先何千年とゴミのままで存在し続ける。

大量の資源に大量のエネルギーを投入し、極めて短い期間だけ機能を発揮するものをつくり、それらは短い寿命を終えるとゴミの山に直行する。資源が一方通行で急速にゴミに変えられていくフローが、物質的な閉鎖系である地球で持続できないことは明らかである。資源の無駄使いだけでなく、現在の工業技術は大変なエネルギーの投入の上に成り立っている。

金属精練、合成化学など、われわれの体温、生きている気圧とは異なる温度、圧力のもとで、大量のエネルギーのロスをともなって、初めて実現されている。

現在の人類の持つデザインの原理は、そのよって立つ科学技術体系から来る必然なのであろうか？

人間の脳のような機械をつくろうとしてきた試み、人工知能の実現も壁にぶつかってしまった。科学技術万能のユートピア像は色褪せ、これまでの科学技術の方法論の限界、科学の終焉というようなことがいわれ出している。21世紀のイノベーションは別のデザイン原理に基づかなければならないのではないか？

今アメリカでは、「バイオ・ミミックリー（Bio-mimicry）」という言葉が注目されつつある。「ミミックリー」とは「模倣」という意味で、バイオ・ミミックリーとは「生物に学ぶ」

ということだ。

閉鎖系である地球に唯一投入されるエネルギーは太陽からの光であるから、人類の究極的な持続可能なエネルギー源は太陽光でなければなるまい。確かに近年太陽電池のデザインはどんどん改良され、変換効率も物によっては二〇%ぐらいまで上がってきているが、光合成の効率にはほど遠い。

何よりも太陽電池の製造には高温、高圧、化学物質を多用する膨大なプロセスが必要である。また太陽電池のつくり出すエネルギーは蓄積できず、フローの形でしか得られない。これに対してバクテリアや植物細胞は常温、常圧で、そのうえ有害物質等まったく使わずに太陽の光から容易にエネルギーをつくり出している、それもでんぷんなど蓄積できる形のエネルギーである。

三〇億年の自然が開発した技術と、高々数百年の人類の技術レベルとはまだまだ雲泥の差がある。光合成のデザインの秘密は、まだ人類に解明されていないのである。

あわびの殻の裏側は素晴らしい光沢だ。大変丈夫で傷がつかず、海水の中でも全く錆びることはない。あんな物質がつくれたら、自動車等の車体やその塗装といった分野には大変な技術革新となる。あわびの殻をつくるのに、高温も高圧も必要ない。あわびの体内の温度と圧力で見事につくり出されている。

熱帯雨林に生息する大型のクモがつくる巣は、大きな昆虫が飛来しても破れることなくキャッチしてしまう。この強度は大型ジャンボ・ジェット機を飛んでいるままキャッチしてしまう強度に匹敵するとの研究報告もある。鉄の何倍も強く、かつ弾力に富むクモの巣の素材は、クモの腹の中で簡単に合成されている。

ムラサキ貝は荒波の中でも岩にくっついて安定している。みずから接着剤を合成しているのだ。水の中でも使える接着剤はまだ人間にはつくれない。

こうした生物がつくり出す様々な製品は、最小のエネルギーと資源を使って合成され、用が済めば環境を汚染することもなく、また自然に帰ってゆく。

バイオ・ミミックリーは、こうした生物のデザインの秘密を解明し、生物に学んで新たな持続可能で超効率的な技術を開発しようとする試みである。

多様な生物の相互関係のネットワークである生態系、その最も完成された姿である熱帯雨林に、私は経営の、そして経営組織の未来像を見い出したが、熱帯雨林の生態系を構成する個々の生命にもまた、多くのデザインの秘密が隠されている。

生命誕生以来四〇億年の時間の中で磨き上げられてきたデザインには、産業革命からわずか二五〇年の人類の科学技術とは比較にならないほど深いデザインがあり、それは長い時間を生き残ってきた、十分すぎるほどのフィールドテスト済みのデザインなのである。生命に学ぶデザインにこそ人類生き残りの鍵があると思う。

企業組織をこれからどう再設計していけばよいか。

どうすれば、人間の知性と精神から、完全なる能力を引き出せるのか。

どうすれば、トップダウン式の階層制、いわゆる〝寄らば大樹の陰〟的なモノカルチャーを一掃し、改革して、熱帯雨林に見られるようなマジカルな創造性を発揮することができるのか――。

その答えは自ら聞こえてくる。

「教訓3」がその鍵を握っている。

教訓3
「新時代の経済で成功するには、熱帯雨林の原則を学べ！」

決定的な5原則

熱帯雨林は、自然が持っている最も進化した学習組織である。それを証明するものが、これから説明する5つの原則である。これらは私たちが熱帯雨林的企業、熱帯雨林型経営を実践する際の、具体策になるだろう。

当然、この他に私がまだ知り得ていない原則もある。自然の完璧なる生態系は、奥が深い。しかし現地点で見極められるのは、次の5原則だった。

①フィードバックを求めること
②順応すること。変化すること
③差別化し、他と違うものになること
④協力し合うこと

⑤ぴったりと適合していること

あらゆる触覚を駆使して進め

①フィードバックを求める

居眠り運転で崖から墜落し、九死に一生を得た経験から、私は父の教訓をフィードバックし、その意味の重要さを身を持って思い知らされた。

フィードバックには「事前のフィードバック」と「直接的なフィードバック」の二つのタイプがある。

「事前のフィードバック」とは、危険を認めて対処する時間的余裕のある場合。

逆に「直接的なフィードバック」とは、危険を認識できずに、崖を飛び越し、墜落して怪我を負い、そこから学ぶ場合。「直接的なフィードバック」は、運が悪ければ死というケース、取り返しのつかない場に至ることもあるフィードバックだ。

だから「直接的なフィードバック」には、未来のない場合がある。

遮二無二進む恐ろしさがわかる。

フィードバックを行う意義や目的は、それを役立てる次のステージがなければ何の意味もない。反映させる対象と将来があってこそ、過去と現在をフィードバックする意味が出てくる。

今、世界は環境に対して、あたかも「直接的なフィードバック」を選択しているかのように見える。

地球上から姿を消した絶滅種の九九パーセントが歩んだ道と同じ行程を、同様に辿ろうとしている感がなくもない。

「直接的なフィードバック」より「事前のフィードバック」を。

我々は自分の目と耳、心を持って全身全霊を使って「最善のフィードバック」を心がけなければいけない。熱帯雨林に生きとし生けるものすべてが、身体のあらゆる触覚を駆使して、ものすごい集中力と注意を持って進むように――。我々個々人のフィードバックも極めて自然に、自発的に機能されなければならない。

遅れている社会共通のフィードバック・システム

またフィードバックには、個と集団の二つのレベルがあることを忘れてはいけない。個人レベルのそれに比べて、企業の、あるいはコミュニティの行う集団のフィードバックは、なかなかうまくいかない。

その集団全体に共通して役立つフィードバックのシステムづくりが難しいからである。システムそのものがまだまだ未熟といえるかもしれない。

三菱電機では、今、世界で最高のフィードバック・システムをつくり出そうと、それを最優先事項とし頑張っている。自社でつくるあらゆる製品、サービスのコストや利点、あるいは自社が充足できる社会的、環境的ニーズを、他の競争メーカーよりも的確に素早く知ることをめざしている。

フィードバックは、耳を傾けることによって得られ、〝測定〟の方法によってますます効率的になる。

これは世界で最も生産的なエレクトロニクス会社となるための、第一ステップであると私は確信している。

②順応する。変化する

ただ前方に注意し断崖に気づくだけでは、不十分である。

私たちはハンドルを切り、身をかわして初めて危機を避けられる。

そのためには何が必要か。

私たちは、機械万能時代の構造の最終残滓を排除して、産業エコロジーの原則を適用すべく、最適の時期に差しかかっていると考えようではないか。自然界の生ける生態系と同じく、創造的、革新的な生ける企業となるよう、心底我々は努力しなければならない。

企業は常に学習する組織

「いかにすれば我々も熱帯雨林のように会社を経営できるか」

めざすは熱帯雨林的企業。

熱帯雨林型経営。

あまりに抽象的で、つかみどころがない概念のように聞こえるが、実現可能な試論であることは間違いない。

「いかにすれば熱帯雨林のような会社づくりができ、その会社を熱帯雨林のように経営できるのか」

「教訓1」で述べたように、急速に変化している今日の事業環境では、企業がいかに注意を怠らず、即応的に行動できるか、いかに機敏で、創造的であるかが求められている。

しかしその実現のためには、まず会社とは常に学習する組織として構成されていなくてはならない。

上意下達型ではなく、ボトムアップ型。

中央集権的ではなく地方分権的。

規則で縛るのではなく、絶えず目的で動機づけができるよう、会社は、企業は構成されていなくてはならない。

ベルトコンベアや機械中心の業務ではなく（どんな精密機械でも〝学ぶ〟ことはできない）、学ぶことができる生きた組織として、企業全体が根本的に構成されていなくてはならない。

熱帯雨林をつぶさに観察した時、私はその〝森〟が完璧な〝学ぶ組織〟であることに気づいた。

学ぶ＝周囲への敏感な適応

熱帯雨林は、システムとして絶えず〝学ぶ〟ことによって、仮にその時その場で異変が起きても、置かれた状況に素直に順応していく能力で、柔軟に危機を乗り越える打開力を持っている。

熱帯雨林は、ほとんど資源を持たない。持ち合わせていない。土壌は薄く、栄養分はごく微量、ほとんどなにも消費はしていない。否、消費したくても消費するものがない。ありとあらゆる廃棄物はすべて生物の食べ物にとって代わり、リサイクルは完璧に行われ、無駄になるものは皆無である。

それを支えるのが、システムだ。

熱帯雨林のシステム、システムはそのデザインに隠されている。デザインそのものがシステムであり、じつはデザインこそが、熱帯雨林にとって唯一の、〝資本〟であったのだ。

熱帯雨林は、その形態や物理的構成、設計そのものに資本が隠され、資源にとって代わっている。

その一部でしかない森の木を我々が木材という資源として活用することが、これまでの我々の経済事情ではあったが、それは即物的であり、熱帯雨林への間違ったアクセスといえる。

なぜなら、過剰な伐採が熱帯雨林のシステムそのものを壊し、麻痺させて、ひいては我々の地球環境破壊につながってしまったからである。

正しい経済システムによる正しい行いなら、プロセスも結果も、おそらくほぼ完璧に正しいはずだ。そうでなくてはならないはずである。

ところが、熱帯雨林の破壊こそ、今、最も大きな地球温暖化現象の直接的、間接的起因の一つとしてあげられている。

我々のシステムの方が間違っている。

熱帯雨林を木材という資源の集合体としてのみ捉えているうちは、おそらく環境の問題も解決を見ない。木を切り過ぎ、森が消え、地球は二酸化炭素で覆い隠される。

ならば、今すぐ学習しよう。我々は〝異変〟を感じ取って、学び、解決する。それは木に代替する〝何か〟を発明することからスタートすることである。

特殊化を恐れるな

③差別化し、他と違うものになる

熱帯雨林は、大勢順応主義を嫌う。生理的に。

それは間違いなく絶滅への道に通じているからだ。

私たちは熱帯雨林にひとたび足を踏み入れれば、まず見たこともない生き物たちのオンパレードに驚かされる。とんでもない色をした鳥が目前をかすめて飛来する。模造品のようなおかしな形をした生物が、足下を素早く駆け抜けていく。思わずため息をついてしまいそうな強烈な極彩色のおかしなデザインの草花が咲き乱れ、虫に刺されるのも忘れしばしその場に立ち止まってしまうほどの〝風変わりさ〟に圧倒される。

特殊化された生き物たちが、なんの恐れもなく、違和感もなく生存している熱帯雨林。決して止まることのない大きな生態系の完璧なシステムの中で、すべての奇異な動物、植物たちが競争し、無駄なく生きている。ぼやぼやしていればたちまちのうちに襲われ、自分の道のわからなくなった小動物は、一瞬のうちに他の生命体の胃袋の中に納まってしまう世界。種の生存と絶滅が、厳しく厳密に計算され、実施されている生態系。

それはまさに最高度に進んだ持続のシステムといってよいだろう。

仮に二つの生命体があったとしよう。

両方が同じ安全地帯を持とうとするならば、おそらくは一方が生き残り、他方はそれに順応するか、死を選ぶしかないだろう。

今日の経済においても同じことがいえる。二つの事業体が同じニッチ市場に参入し、まったく同じ製品を生産したとすれば、生き残るのは一方だけである。他方は順応するか、消えてしまうしかない。

企業は、そこでどう対処すべきか。どちらを選択するかと問えば、百パーセント皆、生き残る道を選択するはずである。

皆、生き残りをかけて必死にコストを切り詰め、徹底的なダウンサイズ化を図る。必死になってスリム化を図り、生き残りをめざす。

しかし、もとから差別化を図って、他と違うような製品、他社とは違う土俵で立てるようになったら、どんなに効率的だろうか。

独自のニッチを満たすのである。競合相手を滅ぼすことも、こちらが滅ぼされることもない市場。一歩違う道を行く。そして差別化が完成した時点で、コストの切り下げや、より効率的な成長を考えていく。

出ない釘は錆び、やがて腐る

こういう私も、実は過去の厳しい経験から、以上のことを学んできたのだ。

多種多様な電機製品を販売している私たちエレクトロニクス企業は、独自の製品を消費者に提供し続け、そこに他社との差別化を図っていくしかない、生き残れない、そう考えて頑張ってきたのである。

特有のニッチ市場を選択して、独自性を発揮することが大切である。

従来の日本企業の知恵は、絶えず

「独自性を出さないように。他とは違わないように」

という守りの姿勢に貫かれていたともいえる。

「出る釘は打たれる」というその出る釘を極度に忌嫌する傾向があった。

しかし、それではだめなのだと、いいたいのだ。

〝大いに出る釘になろう。自らが目立つ釘になろうじゃないか。そうしないと、いつの間にかすべてが錆びついてしまい、無駄になってしまうかもしれない〟

我々はそこに危機を感じ、理念を変えていかなければならない。錆びたら、もう腐るしかないのだ。腐ったら、もうそこでその生命は終わる。

このまま、今まで通りの消費経済を続行させたならば、近いうち世界のキャパシティと私たち人類のニーズは必ずクロスする。衝突する。生態系の破滅の交差点に本当に差し迫ってきているのである。

競合者を殺すな

④協力し合う(共生する)

今日、多くの企業、エクゼクティブ、あらゆる社会のビジネスマンを問わず、「競争力こそが事業成功への絶対不可欠な鍵である」と考えている節がある。

まさに競争力のない、競争を否定するような経営者は、とにもかくにも失格と断ずる社会通念である。時世に関わらず、当たり前のこととして私たちはこの通念を受け入れ、実践してきた。

だが、これこそまさに時代遅れな観念ではないか。

確かに旧時代の経済は、我々が皆同じような組織を形成し、同じようなレベルで競合するしか状況はなかった。それ以外の選択肢がなかった、というべきかもしれない。

我々は同じ製品を世に送り、同じニッチを棲み家として競争してきた。同一のコミュニティの中、平和的に共存することは大変難しく不自然だった。

結局、生き残るのは少数のみ、企業人なら誰でもが腹の底で信じていたはずである。ところで、私たちはそれぞれが個別の企業体として存在し、成長を続けている間に、各人一人ひとりが形態も中身も完全ではないということに、そろそろ気づき始めている。

自分たちの不完全さを謙虚に認め、改め始めたのだ。

そしてお互いの欠陥を埋めるために、私たちは、お互いが相手を必要とし始めたのである。

競合者を殺すんじゃない
争いを避けて、また違った道を歩めばいいじゃないか

わが社は、もはや多くの企業を吸収したり、合併、あるいは子会社として加えて、巨大化を進めることは求めてはいない。その代わりに、他の多くの企業と、次々と協力的な協同事業を企画、実現しようとしている。そして互いの企業は、それぞれが独自性を保ちつつ、専門能力、適合している能力を大いに発揮して、互いが活かし合える状況を必然的に生み出そうとしている。

熱帯雨林も生態系一般の例にもれず「弱肉強食」の世界である。蝶はカマキリに捕食され、カマキリはアリに攻撃される。そしてアリは小動物に食われる、といった厳しい世界である。ところが一方熱帯雨林は「共生」の世界でもある。

植物同士、蝶や昆虫と植物、植物と動物、動物同士等、多種多様な生物の間に驚くべき共生関係が構築されている。

熱帯雨林の研究が進むにつれ、「共生」の実態も徐々に明らかになってきている。「共生」

とは持ちつ持たれつの生易しい関係ではなく、本来は個々の生命同士が自分の生き残りだけを図って進化してゆく中で、ある相互関係が補完関係に共進化してきたものだという。善意や誠意といったものに基礎を置くのではなく、必死の生き残り策の結果である。

しかし結果としての「共生」は何億年という熱帯雨林のシステムの中で生き残る、「経済合理性」をもった仕組みに洗練されている。

最近の知見によれば、我々の細胞そのものも共生の成果だという。植物細胞の葉緑素、動物細胞のミトコンドリアは、もとは別の細胞であり、これらが何か別の大きな細胞の中に入って共生化することで現在の我々の細胞ができ上がっているという。

こんな話を聞くと、「一体われわれのいう個とはなんだろう?」と思ってしまう。結局生命やその相互関係である生態系のシステムを持続させている仕組みの基本の一つが「共生」、すなはち協力し合う、という関係にあるのだろう。

一緒に仕事をすることで、私たちは相手の持つ多様性、自社が持たない特殊性から利潤を得る。

協力し合うこと、それが熱帯雨林的企業、熱帯雨林型経営の大きな特徴の一つといえるだろう。

熱帯雨林では誰もが勝者

⑤ぴったりと適合している

最適者生存という言葉が、いつの時代でも叫ばれる。世紀末の現代ならなおさらのことである。

この言葉には、最も周囲の変化に敏感に適応した種だけが世の中で生き残るというダーウィンの理論が背景にある。ところで、熱帯雨林では、誰もが勝者であり、誰もが無駄なく生きる。なぜか――。例えて考えてみよう。

旧時代の、画一的なモノカルチャー経済は、各産業分野でただ二、三の形態のみが勝者であり、最も強いと思われるものだけが生き残ってきた。新たな侵略者が出現し、一部の勝者たちを一掃しない限り、その状態は半永久的に継続されてきた。

ところが、多様性を持つ熱帯雨林ではどうか。

最も強いものが誰かということはまったく問題ではない。

仮にAという植物があったとしよう。問題なのは、Aがこの森林のどこに適合するか、ということだけである。

私たちが社会のある部分にうまく適合しているならば、つまり社会的問題を解決し、社会的なあるニーズを十分に満たしているならば、きちんと生き残り、おそらくは自他共に認める存在になれる。反対に、ただ問題やトラブルを起こすだけの企業だったならば、いずれのうちに滅んでしまうことだろう。

今後も、ますます多様化する社会の要求は、当然かつてない内容になるだろう。それにぴったりとフィットしなければ、やはり無駄な存在となる。自然が、熱帯雨林が全体としてきちんとぴったりと適合しているからこそ、適応力のあるものがサバイバルできる。人間社会も同様ではないだろうか。

企業も、個人も、共存できるものは、自分の持ち分、自分のミッション、自分の果たすべき役割をきちんと考えて動いているものだけだ。

惰性で、くだらない利潤追求ばかりしている企業は、目的がなく、本当の手段も見失っているのだ。

企業ニーズと環境ニーズ

企業ニーズと環境ニーズとは、本来、根本的に対立するものではないか──。しばしば聞かれる質問である。

シンポジウムの討論の場で、あるいは記者会見、マスコミの個別の取材の中で、私は数え切れないほどこの種の質問を受けてきたが、答えはいつもノーとしてきた。

なぜなら、長期的に考えれば、対立などあり得ないことだからだ。

対立すると考えるのは、スパンの視点が短いからだ。一部の通念では、企業の最高使命は利潤を最大限に上げること、株主への配当を最大限に増やすことと思われがちだが、それは実は違う。

それは根拠がないし、事実ではない。利潤は、ただの金銭に過ぎないからだ。金銭は交換の単なる手段でしかなく、他の何かと取り替えるための手段の範囲を出ない。

金銭自体は、我々の最終目的にはなり得ず、手段にとどまる。

私は常々、自らの理念を、

「利潤を稼ぐためだけに、事業を経営しているのではない。我々は事業を経営するために利潤を稼ぐ。我々の事業には意味と目的があり、それがわが社の存在理由でもある」

と声を大にしてきたつもりだ。

世論は厳しい。事業体こそもっと社会に対して責任を持つべきだという。

社会的責任は、私たち企業家のしなければならないことと不可分である。

これは見方を変えれば、〃新しい義務〃とも呼ぶべき価値観である。

事業を組織する細胞、その全エッセンスが社会的責任でなくてはならない。事業体は目的のために継続されなければならない。そうでなくては、継続したり、存続する必要がないのである。

私が熱帯雨林から学んだ最後にして最大の教訓こそ、
事業体の使命（文明の使命）は、人間の生態系（存続性）を発展させること
である。

事業体の使命は、環境のあらゆる多様性と複雑性を保持しつつも、大きな生態系の中で、

人間の位置をきちんとつくり上げていくことだ。

私が熱帯雨林から学んだすべては、極めて簡潔な、簡素な原則であった。

そのための第一歩はより少なく使用し、より多くを持つことである。

私たち一人ひとりがより少なく消費し、より多くの生産を実現しようと心がければ、生存の道は開けてくる。事業の利害関係と環境の利害関係とは決して相容れないものではない。

教訓4

「熱帯雨林を救うこと、地球環境を守ること、そこにビジネスチャンスがある」

信じられないほど生産的な熱帯雨林

仮に我々が銀行へ行き、窓口の担当者に投資や融資を申し込んだとしよう。担保は、熱帯雨林である。銀行側はどうするか。

断ってくるに違いない。なんら生産的な資産、担保を持たない熱帯雨林に、信用も投資の見返りも期待できないからである。

が、しかし、熱帯雨林こそ実は信じがたいほど高い生産性を持つことを、ほとんどの人は知らない。

そこには数百万種の植物と動物の棲み家がある。世界中の全生物の約三分の二は、熱帯雨林に捜すことができる。しかもそれらすべての植物と動物は、ほぼ完璧に互いが調和して、世界中のどんな生態系よりも効率的で、かつ創造的である。

私たちがもし会社を熱帯雨林のように運営できたなら……、それはどんなに素晴らしく創造的で、生産的だろう――。

社内に完璧な〝生態系〟、つまり最高のシステムを活動させる。

そのために、私たちはまず何をどうしたらよいか。

どこから手をつければよいか。

企業をメカニカルでなく、生きている組織細胞のように運営すること。そこに産業エコロジーの思想、新しい経済の指標がある。

指標を支える思想、それが産業エコロジーだ。

今こそ私たちは、産業エコロジーの原則に基づく経営システムを積極的に取り入れたいと思う。

〝揺りかご〟から〝揺りかご〟まで

経営システムの試行には、大概的に二つの大きな条件がある。

まず自社の現状に対して目をしっかりと見開いて、自分たちの事業の環境コストと環境利益を確認すること。これが第一である。

第二は、確認したことに基づいて、行動を起こすこと。

・コストを見る↓そして減らす
・利益を見る↓そして増やす
・ニーズを見る↓そして満たす

これは一企業だけでなく、共同社会全体に置き換えてもいえることだ。私たちは、自ら製造した製品の影響について、製品の構想段階から完成に至るプロセス、そして使用済みで廃棄された後のことも含め、すべてに対してトータルに責任を取らなければならない時代に差し迫ってきている。

「揺りかごから墓場まで」を、プロセスとして考えない。

壊れたらおしまい、消費者が使用を止めたらおしまいという意識では、メーカーはもうだめなのである。誕生する揺りかごから、次の生命の誕生にともなう揺りかごまで気を配ること。つまり、廃棄された製品が、そのリサイクルの過程で有害な物質を放出したり、解体に経費がかかり過ぎないよう、製品製造には解体後、廃棄後のプロセスを考えながらつくられなければならない。そういう時代に差し迫っているのである。〝揺りかご〟から〝揺りかご〟まで。それをめざさなくてはならない。

例えば三菱電機では、環境問題を会社の中核事業と区別せず、経営の中に組み込んでいる。

メーカーの品質保証の概念は変わった

一九九六年三月、わが社では、それまであった二つの独立したシステム、環境管理部門と品質管理部門を本社で合体させてしまった。

地球環境の品質確保に対して、企業として責任を持ち、行動を起こす必要性からである。使用段階だけの品質ではなく、「使用後の製品の品質（地球環境の品質）」をも考慮した経営が求められていると、切実に感じたからだった。

従来は、メーカーにとって製品は品質保証こそが一番大切であった。製品の質とは、消費者が使用している間、所定の機能が正常に稼働し、電波障害などが起こらないよう安全保証がなされている二点に尽きた。機能と安全の保証である。

ゆえにメーカーは、仮に千人規模の工場ならば、設計者は五分の一の約二百人。品質管理に携わる部署も、同じくらいの人数があてられているのが普通だった。彼らは設計者がデザインした製品に対して、壊れないか、機能が正常か、安全かなどとチェックを加える。日本では、この体制がきちんとできているため、世界最高の品質を誇れる歴史があるのだ。

つまりすべては工場からスタートし、工場の製造に注意のすべてが注がれる。ところで環境に及ぼす悪影響は、製造の過程よりも、何百万台という製品が市場に流れ、消費者に使われて、廃棄され、ごみとなった時点で、最高に達するとわかってきた。冷蔵庫や洗濯機の場合、そのエネルギー消費のライフサイクルを見ると、九〇パーセント以上が消費者が使用している時の消費である。製造過程のエネルギーは、一〇パーセントにも満たないのである。だから、工場の省エネだけ進めても、一〇パーセントの影響力しか持たない。

そこから、製品の環境負荷をいかに下げるかが、メーカーの主な課題になってきた。

西暦二〇〇〇年、二〇〇一年にはリサイクル法も施行されるだろう。私たちはなるべくリサイクルしやすい素材を選択し、構造設計を再検討しなくてはならなくなってきている。廃棄後、分解しやすい構造を持ち、焼却した場合には有害物質を発しないなどが、製品に求められる。

どう分解すれば簡単か、どの部分にどんな素材を使用しているかを明記して、解体業者が選別しやすくする配慮が当たり前という時代が来る。

三菱電機は、そんな次世代の製品の競争力を意識して、企業一丸となって取り組んでいる。環境担当役員の強いリーダーシップによって、品質という概念の変更を推進してきたのである。

消費者が使用している間だけでなく、使用後も考慮する。あらかじめ廃棄後に問題となるような有害物質は設計段階で除外し、リサイクルしやすいような構造、リサイクルしやすい解体を念頭に置いて製造する。

つまりライフサイクル全体のみならず、環境への保証も考慮した品質保証が、メーカーの品質概念となってきたのである。

今、各事業所は、本社の環境・品質部に連動して、それまでの単なる「品質保証体制」を「地球環境品質保証体制」に拡充、強化すべく頑張っている。

「システムズ・グループ」と産業エコロジー

サラワクの熱帯雨林を訪問した後しばらくして、私はまた幸運に恵まれた。資源効率に関して魅力ある提言を発し、世界的にも注目されている学者、ロッキー・マウンテン・インスティチュート副所長、エモリー・B・ロビンス博士に会う機会を得たのだった。エモリー・B・ロビンス博士。

ハーバード大学、オックスフォード大学で学び、六つの名誉博士号を持つ。「ウオールストリート・ジャーナル」紙は、創刊百周年記念特集「一九九〇年代のビジネスの行方を左右する世界の二八人」の一人に彼を選んでいる。

著書『ソフト・エネルギー・パス』では、「資源エネルギーはあくまでも手段であり、目的ではない」と主張。社会の繁栄とエネルギーの使用には相関性はないとし、ライフスタイルを変えなくても、技術によってエネルギー効率のよい快適な生活が過ごせるとした。彼はその理論を自ら実行し、エネルギー節約の実践を生活の中で実現させている。

時にはマイナス四四度まで気温が下がる、コロラドのロッキー山脈の中に研究所を構えている。

スーパーウインドー（二枚のガラスの間に特殊ガスとフィルムを入れたもの）と呼ばれる二重窓で設計された建物の中は、なんとバナナの木が育ち収穫できるほど暖かい。暖房の九九パーセントは、スーパーウインドーから取り込まれる太陽熱で十分まかなわれ、暖房器具が室内に一切ないのだ。後で詳しく紹介するファクターフォー＝エネルギー効率の4倍向上の考え方を自ら実践したものだ。

さて三菱系企業による森林事業の立場、三菱電機アメリカの立場、そしてRANの立場、それぞれの主張のどこに接点があり得るのか、不毛な対立ではなく、ともに問題を解決していく道、前向きの道はないのか、私は前向きな道の発見についてロビンス博士の協力を仰ぐことにした。

初めての出会いながら、氏は私の考えと試みを快く受け入れてくれた。早速、森林を救うためにはどんな事業機会が考えられるか、探ってほしいと彼に依頼を試みた。

彼は私たちの真剣さを理解し、すぐ同意してくれたのはうれしかった。彼はすぐ森林に関するリサーチ活動をする「システムズ・グループ」を設立してくれた。

「システムズ・グループ」とは、森林破壊の組織的な原因を根本から是正するために、事業体は何をすべきか、どんなことができるかというテーマに沿って研究するグループで、今現在も内容の充実したレポートを与えてくれている。

この場合の「システム」とは何か。

その意味を概説するとこうなる。

森林破壊の問題は、単に熱帯雨林の木を過剰に伐採し、輸出する外国企業、あるいはそれを容認する地元政府だけに原因があるのではない。世界の木材の需要は年々増大の一途をたどり、減少することはない。

人々の生活のあらゆる場面において、生活用具や資材に材木が使われ続け、その量は加速度的に増加している。

つまりこの需要の実態こそが、熱帯雨林を伐採し、輸出し、輸送し、加工し、使用するあらゆる循環をつくり出している元凶となっているのだ。

この悪しきシステム、人間の都合でできた循環、生態系を無視したシステムを正さなくては、ただ熱帯雨林の伐採だけを問題にしても、根本的な解決には至らない。ロビンス博士はそう考え、「システムズ・グループ」を創立したのであった。

産業エコロジーと呼ばれる思想は、この問題に対する根本的な解決を施す一つの具体案なのである。

「ナチュラル・ステップ」と「フューチャー500」

私たちは環境のための設計プログラムに「使用済み製品の、解体プロセス技術の開発からのフィードバック」を組み込んだが、これも国内外で大変話題を呼んだ試みだった。

特に外国では評判がよく、運動そのものが幸運にも国連の「国連居住環境会議II賞」を受賞するにまで至った。

ISO14000（新しい環境管理国際規格）を、わが社が取り入れたナチュラル・ステップのプログラムと合体させる試みにも、今チャレンジしている。

ナチュラル・ステップとは、スウェーデンで開発された環境保護プログラムであり（後章で詳述）、一言でいえば、企業が自然の持続性原則に反するような製品、工程を回避する戦略を立案するためのツールである。

三菱電機アメリカ在職中、私は多くの管理職にこのプログラムを実際受けてもらい、私自身もトレーニングを体験した。

これは今でも大いに役立っている。アメリカの主要企業のＣＥＯでは、私が最初の受講者だったらしい。

『サスティナビリティ革命』の著者、ポール・ホーケンや、ナチュラル・ステップの創始者カール・Ｈ・ロベール博士らと協力して、日本にもこの運動をぜひ導入しようと、努力している最中である。

もちろん環境対策の問題は、個人はいうに及ばず、一企業、一団体の積極的な運動だけでどうなるものでもない。どんなに一生懸命活動しても、単発的な行動では効果は薄い。しかしだからこそ、例えば私たちの微力なこれまでの試みを、他の人々の活動とどこかでうまく合体させせられないだろうかと、常に模索していたのである。

その一例としてあげておきたいのが、フォーチュン５００に倣って私たちが組織した「フューチャー５００」（後章に詳述）だ。

この組織は、活動として産業エコロジーや資源生産性向上に関するシンポジウムなどを企画し、実施している。

フューチャー500とナチュラル・ステップを武器として熱帯雨林型経営、すなわち産業エコロジーの実現をめざす取組みについて次章から紹介しよう。

第三章　環境に優しい人・企業の集合体「フューチャー500」

二大潮流に出会う

「いろいろと障害や問題はあっても、悲観的になる必要はまったくない。市況や国民の関心はいろんなことに影響されやすいものだ。賢明な消費者なら、効率性の重要さに強い関心の目を向けるだろうし、商品にはその製造過程においてどんな資源を使ってきたか、きちんと表示するよう義務づけるべきと考えるだろう。資本家であれ、一国民であれ、誰もが十分な情報提供を求め、効率性の革命に向けたお膳立てをする権利がある」（エモリー・B・ロビンス著『ファクターフォー』）。

これまで私が述べてきた〝熱帯雨林的企業、熱帯雨林型経営〟の志向は、いわば一つのイメージ、一つのシンボルとしての未来企業論であった。

古い経済から脱して新しい経済を求めるべく、企業はどう変わるべきか。どう変わったらよいのか、その一モデルをシステムとしての熱帯雨林に見い出したのである。

しかし私のサラワク体験の底流には、欧米、特にアメリカの壮大な思想の潮流、いわゆる産業エコロジーの思想が流れていることを明記しなくてはならないだろう。

その潮流は二つあり、それぞれに私は、少なからず影響を受けた。

最初、二大潮流は、キーマンを介して私の前に現れた。

一人は、前章で述べ冒頭に引用した『ファクターフォー』の著者でもあるエモリー・B・ロビンス。

もう一人は『サステナビリティ革命』などの著者ナチュラル・ステップのアメリカ代表、ポール・ホーケンである。

この二人は、まだ日本ではそれほど馴染みのある名前ではないが、世界では有名人である。

ロビンス博士は、ロッキー・マウンテン・インスティテュート副所長を勤め（所長はハンター・ロビンスで彼の夫人）、あのローマ・クラブでも有名である。著書『ファクターフォー』は全世界でベストセラーとなり、近いうち日本でも翻訳が出版されるに違いない。

彼の説くファクターフォーや資源生産性の向上、ネガワット、ネガガロン、ネガインフォメーションの理論は、まさに産業エコロジーの代表的思想であり、卓見である。

ポール・ホーケンも、昨年は通産省に招かれて、賢人会議のようなイベントに参加したりして、日本でも徐々に知名度が上がってきている。ロビンスが学者肌であるのに対し、ホーケンはビジネス界に生きる環境問題の論客である。二十歳の時、全米で初の自然食品会社を設立し、成功。環境を考えた通販の会社、スミス・アンド・ホーケン社も興し、ビジネスマンとしても稀有の才能を発揮している。

これから述べる私たちのフューチャー５００の設立は、ロビンス博士を抜いては語れないものであるし、また現在は、ホーケン氏らの提唱するナチュラル・ステップが、フューチャー５００を推進する上での大きな思想的柱になっている。

四倍の効果を実現するファクターフォー

世界でベストセラーになった『ファクターフォー』の思想、そこに提言された環境に対する基本理念は、

「これまでの資源エネルギーの半分の使用で、二倍の効果を生み出す。つまり今までの四倍のエネルギー効率を実現しよう」

という驚くべき構想である。

例えば、電力の不足が予測されると、電力会社は設備投資によって新たに発電所をつくろうとする。日本ではまだハードウェアをどんどん増設して、供給力を単純に増やそうと考えるのが常だ。ところがアメリカの場合では、もう十年以上前より、規制緩和のなかで電力会社も事情が厳しくなり、コストのスリム化を余儀なくされている。発電所をつくり一〇〇万キロを供給するよりは、別の工夫で、例えば発電所製造の半額の投資で一〇〇万キロが節約できたら、どんなにいいかを考える。

ロスを減らし、省エネを実現して、一〇〇万キロのエネルギー消費を削減できれば、発電所をつくるより得ではないか、と考える。

政府も、一千億円あげるから一〇〇万キロの電力を供給する設備をつくりましょうと提案するよりも、一千億円の半分の五〇〇億円で、今までかかった一〇〇万キロの省エネを実現しましょうと考える方が、より適切ではないか――、ということになってきた。競争が激しいアメリカでは、電力関係のサービス会社も熾烈な争いを繰り広げている。五〇〇億円で一〇〇万キロの電力削減をするため、必死になって知恵を絞るのである。

消費者側にとっては、それはどちらでもいいことである。他のエネルギーを使って電力供給をするか、今までの方法で供給されるかは、あまり問題ではない。電力費が節約できれば、それに越したことはないと考えている。

需要サイドに大変な無駄を抱えたままで次々と供給を増やそうとするのは、栓をしていないバスタブにお湯をどんどん注ぎ込んでいるのと同じだ。

流出するお湯より早い速度でお湯を沸かして継ぎ足そうとするより、栓を買ってくる方がはるかに安くつくだろう。そしてそれは環境への負荷を減らすことにもなる。

新たな需要に対して、単純に供給を増やそうとする発想を一八〇度転換し、需要の背景にあるニーズを最小コストで達成する手段を考えようというのが、ファクターフォーそしてネガワット（省電力）、ネガガロン（省石油）の思想なのである。

今までの技術で夢は十分実現できる

かつてロビンスは、わが社の三橋堯常務と、東京—ロサンゼルス間を結ぶテレビ会議でこう語っている。

「これまで進歩という概念は、労働生産性の向上を意味していた。が、私たちは資源生産性の概念を提唱する。

ファクターフォーは資源エネルギーの使用を通常の二分の一に減らして、これまでの二倍の効果を得ようとする、つまり四倍の資源効率を実現するのが目的である。当然、資源の枯渇、公害の防止にも役立つだろう。が、またこの実現によって、さまざまな付属的効果もねらっている。

まず第一が、利潤のアップ。地球規模で実施されれば、年間何兆ドルという富がそこに生まれるに違いない。

また一方で資源の過剰消費を続けながら、他方でレイオフを行う企業に、人間と資源のバランスの回復を提示することもできる。さらに気候の変動、酸性雨、表土劣化といった環境問題も解決できるに違いない」

こうした効率の向上は、もちろん誰もが望むことである。しかし、実現の可能性はどれほどあるのか。果たしてこの夢のような理想を、技術的に現実に実現させることができるのかと、疑問が出てくる。

その点をロビンスは、

「資源の効率を上げる上で、技術の役割は非常に大きい。ただ現在使われている技術を用いることで、構想はかなりのレベルまで実現可能なのではないか。最新の技術の誕生ももちろんだが、伝統的な技術、知恵も非常に重要になってくる。これらを最善の形で組み合わせれば、小さな個の節約ではなく、大きな節約が可能になるはずだ」と語る。

前章で少し述べた、わが社の依頼した「システムズ・グループ」も、彼の説く資源生産性の向上によって、森林を必ず復活させることができる、という目的でリサーチ、レポートされている試みである。森林へのプレッシャーを減らす手段、方法は何か。森林破壊を防ぐために、企業は何ができるか。そして木を始めとした森の資源にとって代わる創造性、テクノロジーを発見、利用して、どんなビジネスチャンスが生まれるか。ロビンスの報告書は、どんな可能性を具現化してくれるか楽しみである。

遊園地のお化け屋敷のような研究所

例えば、具体的な資源生産性の成功例を、彼は自分のオフィスを紹介しながら説明してくれる。

標高二二〇〇メートル、コロラドのロッキー山脈の中にある彼のロッキー・マウンテン

・インスティテュート研究所は、いうならばまるで遊園地のお化け屋敷のような装いで、至るところにちょっとした工夫がなされ、大きなエネルギーの節約を実現している。快適性を損なわない工夫で、省エネを可能にしている点が大きな特徴である。研究所のすべての窓は、断熱材と二枚のガラスにフィルムを入れたスーパーウインドーが施され、外はマイナス四四度の寒さでも、室内はバナナがなるほど暖かい。部屋の扉の下にはブラシがついていて、特殊な温暖効果を生んでいる。犬の出入りには、直接ドアを開けなくて済むように、犬専用の穴が気を配って設計されていた。信じられない話だが、冬でも電気代がわずか五ドル、六ドルぐらいしかかからないため、東京電力がわざわざこの研究所を訪れ、証拠として電気代の請求書をコピーしていったぐらいである。

根本的な思想は、徹底的に実践されることによって、〝あるトンネル〟を越えるとたんに効果が倍増すると彼は力説している。秘密はここにあった。

例えば、部屋の壁に絶縁材を張って、熱を逃さないようにする。エネルギーコスト削減を考える人は、仮に一枚一〇〇〇円の絶縁シートを、家のすべての壁という壁に張る。そして、この段階で、もし二分の一の熱が節約できたなら、もう一枚ずつ張ってみようかという気になる。しかし、今度は二分の一の二分の一、つまり最初の四分の一しか節約はできない。

二〇〇〇円目の投資は、一〇〇〇円目の投資による効果の半分しかない。もう少し削減してみようと考えて、仮に三枚目のシートをすべての壁に張ったとすると、熱削減は八分の一、三〇〇〇円目の投資効率は、最初の一〇〇〇円目の投資に比べて八分の一となる。つまり投資を重ねれば、効果はディミニッシング・リターンというカーブを描き、人は、これ以上投資を続けても無駄だと思うようになる。金額ばかりがかさ張り、効果は当初に反比例して激減するため、つい、もう止めておこうと諦めがちになる。

一定の段階まで節減の努力を続けると、逆にシートを張る方が高くつくと考えてしまうからである。

私たちが一般的に考えている省エネのイメージとは、何か一つの対策を持ち、例えば一〇〇万円投資して、一年間には三〇万円の電気代を浮かせることができれば、三年でもとが取れるなと算段する。

ところが、投資回収にひとたび十五年はかかるといわれると、じゃあ止めておこうかな、となる。目の前の皮算用にとらわれて徹底できないのだ。

トンネル効果を待て

しかしロビンスのやり方は違った。

彼の研究所の仕様は、もっと突き詰めて考えられ実行された、エネルギー削減の要塞である。四〇センチの絶縁で囲まれた要塞であった。

彼は三枚目では飽き足らず、さらに四枚、五枚、六枚……と徹底的に断熱シートを張っていく。

すると、あるところで〝トンネル効果〟が突如起こる。あるレベルを越えると、今度は徹底的に絶縁性が高まってくる。もうヒーターもいらない、ライトの熱だけで十分暖まるところまで、効果はてきめんに現れてくる。

窓にはもちろん、断熱材以外にも、健康によい、暖かい太陽光だけを通し紫外線などをカットする工夫がなされている。だから大きな窓から差し込む太陽光は、安心して身体いっぱいに享受することができた。

絶縁されているため、外部の物音も一切しない。オフィスにはバナナがなり、イグアナが歩き回り、鹿おどしがカランコロンと小さな音を立て、涼しい滝の音が静かに流れる……。これで働く人たちの生産性が上がらないわけがないだろう。

ストレスがなく、光は目に優しく、耳にも心地よい。空調という不自然な寒さ、暖かさがなく、いつも自然の寒暖でエネルギーコストはゼロという世界……。

また手前味噌となるが、わが社が開発した「ロスナイ」という空調換気扇も、研究所内では常時稼働され、活躍している。これは、私たち日本人の生活に密着した和紙の特性に注目して、開発のヒントにしたもの。本来は換気で逃げてしまう熱を、和紙の原理を使って効率よく回収し、冷暖房のランニングコストを、二〇～三〇パーセント削減するという性能が特徴だ。

開発してすでに二五年余りが経つが、まさかこんな形で役立つとは思わなかった。

現在総計二五〇万台が生産されており、これらすべてが一斉に稼働すると、一年間で約一ギガワットの電力が節約できる。これは火力発電所、原子力発電所の一基分に相当する計算だ。

研究所全体になされたさりげない節約の工夫、スーパーウインドー、ロスナイ、そして徹底的な絶縁シフトによって、それまであった暖炉が不要となり、空調装置、ダクトすべ

ロビンスのロッキー・マウンテン・インスティテュート研究所

スーパーウインドーが全面的に使われている

ドアには犬専用の穴があり、犬の出入りにドアを開け閉めしなくていい。

研究所の中は、バナナの木が立派に育つほど暖かい。

てが不用品化して、オペレーションコストがゼロに……。建物自体も空調設備がなくなったぶん、無駄のない、コンパクトなものになっていく。

常に、ロスがあると思って行動していたのではだめだ、とロビンス氏。方向性が決まったら徹底してやるというのがファクターフォーの思想であり、ネガワット、ネガガロンの実践である。徹底的に発想を変えてとことんまでやってみると、トンネルを抜け出し、電気代も暖房費もいらないといった夢のような現実が実現されるという。

PG&Eの戦略、グリーン開発

ネガワットの考え方を実践したロッキー・マウンテン・インスティチュートの建物は、今や「めずらしい見世物」ではなく、アメリカの電力会社や不動産会社の経営戦略の本流になりつつある。

PG&E（パシフィック・ガス・アンド・エレクトリック）社は、サンフランシスコを中心にカリフォルニア北部を供給地域とする、全米最大の民間エネルギー供給会社である。'96年の売り上げは約一兆円、従業員二万二千人の大企業である。

ＰＧ＆Ｅは一九八〇年頃には一〇～二〇の発電所建設を計画していたし、将来はカリフォルニア沿岸に数マイルごとに発電所を配置すると想定していた。一九九二年、ＰＧ＆Ｅは新規の発電所建設を止めることを決定し、翌年には建設部門を解散してしまった。しかしこの地域の新規電力需要がなくなったわけではない。サンフランシスコ近郊は今も発展を続けており、需要は大きい。

ただ同社は、この新規需要の七五％はネガワット、すなわち既存の供給の効率化で充足できると考えている。こうした経営方針の大転換は、環境保護のためというわけではない。ネガワットのほうが利益が出るという、純粋に経済的な理由からである。

今、同社は「チャレンジ２０００」という計画を掲げ、二〇〇〇年までに二五〇〇ＭＷのネガワットを実現するとしている。

このために一九九〇年から一九九七年まで、ACT^2（Advanced Customer Technology Test for Maximum energy efficiency measures：最大のエネルギー効率のための最先端の御客様技術試験）という実験を実施。さまざまな形式の建物で、実際どの程度のエネルギー効率化が可能か、既存の技術を組み合わせ、トンネル効果を確かめたのである。

ロッキー・マウンテン・インスティチュートは海抜二二〇〇ｍ、マイナス四四度Ｃにまで気温が下がる寒冷地で暖房設備をなくすことができた。果たして高温な地域で快適な居住性を維持しつつ冷房装置をなくすことは可能だろうか？　PG&Eはサクラメント市近郊のデービス市でこの実験を行った。この場所はほとんど砂漠気候で、夏には四〇度以上の高温が続く土地である。

ロッキー・マウンテン・インスティチュートと同じように、スーパーウインドーを始め、あらゆる断熱構造が採用された。

地下の冷水をうまく利用する水供給システムも工夫された。こうした技術の組み合わせで冷房装置が不要となり、何と通常の建物の四分の三のエネルギーを節約できることが実証された。

PG&E社の実施したACT²の膨大な詳細報告書（全部で数百ページになろう）は同社のホームページから無償でダウンロードできる。こんなところにもアメリカ産業の底力を見る思いがする。日本は世界一省エネに努力してきたなどといつまでもお題目を唱えていると、大変なことになるのではないか？

ネガワット、ファクターフォーの考え方を建築設計に導入する「グリーン開発」という動きも広まりつつある。新設の建物だけでなく、レトロフィット、すなわち建物再開発でも実施される例が増えつつある。冷暖房や不用意な照明をスーパーウインドー、それによる自然採光に変えることで、建物の運用経費の大幅削減が可能になるだけでない。そこで働く人々のストレスも低減し、労働生産性が大幅に向上するともいわれている。

環境によいこと、無駄がなく自然であることは、人間の心と身体にとってもよいことなのであろう。

環境ビジネスのルネサンス

また、ロビンスが唱えるファクターフォーの最新のコンセプトとして注目したいのは、我々の産業構造に驚くべき効果を与えるだろう車、ハイパーカーである。

ハイパーカーとは、超軽量ハイブリッドタイプの電気自動車であり、従来の四倍から二〇倍、燃料の節約が可能になり、これによって排ガス量も少なくとも二ケタないし三ケタ削減できる。

燃焼効率が格段に上がって、しかも安全性、乗り心地、耐久性に優れてスポーティー。また確実に現在の自動車よりも低価格にできるだろう。

いわゆる〝トンネル効果〟が多くの相乗効果によって生まれ、車においても実現されるのである。しばらくすれば、カリフォルニア州ではゼロエミッションに匹敵する車として指定されるかもしれない。

新しい資源節約型の技術の多くが、従来の基幹ビジネスとも密接に結びついて関係を持つようになる。

ハイパーカーが、半導体チップの発明以来の大きな変革を、産業構造に与えるとなればすごいことだ。今世紀末には発売され、私たちがそれまで親しんできた車、鉄鋼、石油、電力といったすべてが大きな変革を迎えるとしたら……。

従来と様相を一変させる環境ビジネスのルネサンスが築かれるのだ。

ハイパーカーは、鉄の時代から炭素繊維の時代に急速にシフトさせる触媒となる。

「また、ハイパーカーがここ十年、二〇年以内に、太陽エネルギーの効率的使用や低廉な高分子燃料電池の導入を促進するだろう。これらは他の技術と調和して、まるでクモが巣を張るようにエコシステムに見合う資源の適正分配、効率利用を編み出していく。無駄な部品を一切使わない、環境に配慮した生産方法が、もはや次々と考えられているのだ」

とロビンス博士。資源効率を高めることによって得られるものを、現状の四倍、一〇倍、そしてさらに一〇〇倍としていくビジョンは、「公平」、「環境保護」、「持続」、「繁栄」、「安全」を同時に達成させてしまう可能性を秘めているのだ。

折畳式携帯コップを持ち歩く

過去に二度、私たち三菱電機は、ロビンスを日本にゲストとして招き、基調講演などを開催、彼の思想の一端を広く紹介してきた。

ふだんの彼は大変気さくな男で、一見したところでは、ハーバード大学、オックスフォード大学に学んで六つの名誉博士号を持ち、十二の著書、数百の論文を発表した博士とは思えない風貌をしている。いつもノーネクタイ。エコテックの会議でも、大概はノーネクタイで、アウトドアに着るような、ポケットがいっぱい付いたジャケットを着用し、いつどこへ行っても困らないよう、すべての物がポケットに納まっている。折畳式のコップを自分専用に携帯しているのも愉快で、私はよく半分冗談混じりで、

「そのコップ、いつ洗うの？」

と聞くが、ほとんど洗っていないようだ。

珍しく背広姿のロビンス博士。三菱電機がゲストとして日本に招き、基調講演をお願いした。彼の思想の一端が紹介され、大好評だった。

彼との出会いによって、私たち企業人は、多くのことを学び、そして感じた。

彼が報告してくれる森林に関するレポート「システムズ・グループ」に目を通しながら、果たしてこんなエッセンスを私たちだけで共有し、独占していてよいのだろうか――、そんな思いがやがて私たちの胸中を支配したのも不思議はなかった。もっと多くの企業、人々と、分かち合いたい。同じ志を持った者同士が、一緒に環境問題に取り組んで、貴重な情報、研究、改善策、資源生産性などについて勉強していきたい――、みんなが取り組んでいけば世界は変わるかもしれない――、その願いが、やがてフューチャー500という任意団体の創立へと、私たちを突き動かしていったのであった。

ゆえにフューチャー500の設立式は、彼の事務所、〝遊園地のお化け屋敷〟であるアメリカ・コロラド州、標高二二〇〇メートルのロッキー・マウンテン・インスティテュートで行われた。

一九九五年十二月の外は酷寒、中は常夏という状況だった。

フューチャー500と命名

これはナチュラル・ステップと同様に、環境対策の足がかりとなり得る具体案の一つである。

フューチャー500——。

私とエモリー・ロビンス、ビル・シャーマンなど、数人の協力者で設立、環境保護の企業ネットワークとして始動し、現在はグローバル・フューチャーズ・ファウンデーションというアメリカの正式なNGOが窓口となっている。

まだまだ小さな団体だが、私個人も、国連を始めさまざまな機構、団体、組織、会に呼ばれる機会がだんだん増え、そのたびに会の趣旨を話し、協力を呼びかけている。

うれしいことに、次第に参加を表明する人たちが増え、あちらこちらの会合の場で、私は声をかけられることが多くなった。こんな人が、と思うような影響力の強い人から協力を約束され励まされることも多くなった。

フューチャー500という命名は、アメリカの経済誌「フォーチュン」のフォーチュン

500に倣った。ご存じのように、フォーチュン500とは「フォーチュン誌」が定期的に発表する優良企業、高成長企業のランキングである。

私たちはこれをもじってフューチャー500、未来を考える企業、個人を500を目標に募ったのであった。今はまだそこまで数が集まってはいないが、20数社でスタートしながら、年々会員になる企業、個人は増え続け、今では三〇〇近いメンバーが年に数回一堂に集まり、徐々に活動を盛り上げている。

せっかく得た環境対策の指標、知識を一社が独占するのはもったいない。専門家のレポートで指針を得、複数のまとまった数の企業が実行したならば、その効果は五倍、一〇倍となっていくはずである。

以下に、組織の概要、めざすところの目標等を説明してみる。

フューチャー500のワークショップ
…多様な人々の集まりが思考の飛躍を生む

フューチャー500のワークショップは、わが国でよくある環境関係のシンポジウムとはだいぶ異なっている。

まず場所の設定であるが、"retreat"、日本語でいうと「隠れ家」とか「避難所」というようなところで開催する。次に参加者についても、狭い領域の関係者だけが集まるのではなく、様々な職業、専門、興味をもった多様な人々が集まるように企画する。

これは参加者が、日常性や普段の専門領域の狭い付き合いからできるだけ離れ、交流すること。それもフォーマルな会議室での会議だけでなく、相互に興味をもった者同士が自然発生的にできるいくつかの小グループごとに、会期中の食事のテーブルや屋外のベンチ、夕食後は誰かの部屋に集まって深く交流し合うことで、新たな発想、思考の飛躍を生むためである。

昨年九月にフューチャー500が主催して開催したエコテックⅢは、まさにそんな会合である。エコテックⅢは、サンフランシスコから南へ約百㎞くらい下った保養地、モントレー半島の「アシロマ会議センター」で、木曜日から日曜日まで三泊四日で開催した。

アシロマ会議センターは、一九一三年にYWCAのサマーキャンプ場として設立された由緒ある施設で、一九八七年には米国の歴史的建造物に指定されたところである。海岸沿いの広大な自然の松林の中にいくつもの木造の建物が配置され、会議室というより集会所といった趣の建物がいくつかあり、また宿泊するためのロッジが点在している。

この施設の宿泊室には電話が一切ない。だから会社から電話で呼び出される心配もない。朝、昼、夜の食事の時間になると、教会の鐘が鳴って知らせてくれる。食堂はカフェテリア形式。アメリカのサマーキャンプの雰囲気そのもので、アメリカ人には懐かしい雰囲気のようである。

会議の参加者は多彩である。

テキサコ、3M、ナイキなど企業の重役や環境担当者、EPA（米国環境保護庁）や地方自治体の代表、RANのランディ・ヘイズ博士など環境NGOの面々、経済学者、社会学者などが集まっている。出身国もさまざま、ヨーロッパ諸国はもちろん、インド等からも参加者がいる。日本人は残念ながら吉田敬史君と私だけだった。

環境ホルモン物質の危険性を警告した『奪われし未来』の著者、シーア・コルボーン博士、豊穣の女神をいただき、社会にいかなる階層もなかった太古の社会＝パートナーシップ・モデルの社会と、戦いと支配の男神をいただくギリシャ以降の社会＝支配者モデルの社会の対比からこれまでの人類の文明史を捉え、将来の持続可能な社会をパートナーシップ・モデルの再構築の可能性から論じた『聖杯と剣』の著者リーアン・アイスラー女史も参加。誠に興味深い議論、交流が実現できた。

会議の最終日には地元出身の上院議員が挨拶し、拍手喝采を浴びた。日本のように、政府系の会議、経団連系、NGO系などと色分けがない。まさに多様性をそのまま包み込む国、米国を実感できる。

今後とも毎年一～二回はこんな会合を開催し、産業エコロジーの概念とその実践を発展させていきたいと考えている。

世界は今、二つの経済の狭間にある

①古い経済もしくは工業経済

これまでの私たちの経済、つまり工業経済は、機械を使って「ハード」な資源、石炭、鋼鉄、石油を製品に変換してきた。機械のスピードが上がるだけ、使用する資源も増え続けて、生み出される富も当然増え続けた。このような単純な産業生態系においては、どんな組織も需要に合わせて形づくられてきている。

標準化された企業、例えばスタンダードオイル、ゼネラル・モーターズ、プロクター・

アンド・ギャンブル、ゼネラル・エレクトリックでは、標準化された従業員が、標準の週四〇時間労働で標準化された製品をつくり、その製品は標準化された嗜好の消費者の、標準化された巨大市場で売られていたのである。

この機械時代が社会に与えた恩恵は、目を見張るものであり、生活水準の上昇、健康状態の改善、長寿、教育の機会、技術革新などが、もたらされることになった。

しかし、工業経済は必然的に自然が持つ限界に直面した。物理的消費の成長を基盤としているため、経済と環境は両立しなくなってきた。なんであれ、経済のために使うものは、石油一バレル、鉱石一トン、樹木一本に至るまで、我々は自然からとってきたものであることを忘れてはいけない。

一九六〇年代、我々はこうした限界に次第に気づき始めてきた。一九七三年、我々はいやがおうにもその限界を目の当たりに見せつけられた。

オイルショックである。

アラブ諸国が石油を禁輸措置にしたため、経済全体に価格上昇ショックが広がり、その結果、最も逼迫していた資源の必要性を劇的に削減するための技術革新、制度改正、製品改良が一気に、かつ大量に出てきた。

当初は、従来の産業が大きな打撃を受けていた。だが、徐々に新しい経済の姿もその全容を見せ始めた。

それが新しい経済、知識経済である。

一九八〇年代末には、物質に代わって知識が成長を促す主な要因となった。

我々が必要とする資源の三分の一近くが、「ネガワット」「非物質」によって供給されるようになってきた。そしてビジネスも物質の消費ではなく、サービスに立脚するよう、自らの改革に取りかかり始めたのである。

②新しい経済

新しい経済は、「ソフト」な資源、つまり知識、構想、システムを利用して利益を上げる。人々の知識を引き出し、その知識を製品やプロセスに埋め込むのが特徴だ。

新しい経済で最大限の利潤を上げるためには、ビジネスは最大限に知識を生み出して利用しなければならない。このために、工業時代に優勢を誇っていた組織のほぼすべてが、根本的な変身を余儀なくされている。工業時代のトップダウン式、階層的な組織の影はもはや薄れ、新しい経済の生きたシステムの様相を徐々に呈してきている。

新しい経済において、最大限の利潤を得るために、組織はいかにして自らをつくり直せばよいのかが課題である。

持続可能な活動を続ける生態系

生態系は、学習する有機体として最高のものである。限りある資源を利用しながら、飛び抜けた豊かさを生み出す単純な基本法則に則って、生態系は持続可能な活動をしている。

こうした進んだ生産性の基本法則は、自然だけのものではない。産業エコロジーは同じ法則をビジネスにも適用し、少量の物理的資源で巨大な創造性、生産性、そして利潤を生み出す方法を示している。

産業エコロジーは、単に企業の環境プログラムにとどまらない。インセンティブやフィードバック回路を利用して、状況変化に企業が適応していくスピードを加速させるシステムとなっている。

産業エコロジーの手段は、経営、会計、製品開発、環境問題、さらにビジネス全体に利用して以下のことを可能にしている。

・コストの削減
・創造性の向上
・対応力、抵抗力、持続力、収益性の拡大
・価値を足したり引いたりするだけでなく、新たに生み出す

産業エコロジーは学習する有機体の芸術であり、科学である。どんな企業でも、新しい経済へと大きく発展する際の手助けとなる。

経済予測で信頼できるのは人口動態

ところで、私たちが現在置かれている現状を正確に把握し、未来を真剣に考えた時、ま

ず何を足がかりにできるだろうか。

何を根拠にして未来を予見し、その危機をどう回避すればよいのか。

産業エコロジーがどのように役に立つか。

あるいはどんな予測を持って将来の人類が味わう不平等の芽を摘み、平和と平等をあらかじめ用意できるか。そう考えた時、私は常々、経済指標の中で最も信頼性が高いのは人口動態ではないかと感じてきた。

過去の経験上、他の経済分野の予測値はなかなか読み取りにくい部分があり、不確定要素があまりに多く影響し過ぎる。ところが人口の増減の予測だけは、他の要素とほぼ独立して推移し、あらかじめの予測、予知が可能なのである。経済予測指標の中でも最も信頼できると思われる。

今、地球の人口規模を考えてみると、約五八億の民は今後も計算通り、予想通りに増え続けていくことはほぼ間違いない。

巷では神の摂理がどうのこうの、不治の病の見えざる手が地球の人口を三分の一にしてしまうなど、人心を惑わす流言は多くある。

しかし、そんな異常事態がない限りは、人口動態は今後も爆発的な発展を見、上昇カーブを描き続けるだろう。生存と生命の観点からいえば、各国の食糧事情、自給自足度、農業の収穫高の限界など、人口指標の予測は近未来の大変な事態の到来を如実にあぶり出してくれる。

情報技術は地球を救えるか

このまま消費社会が進めば、我々五八億の民の行き着くところはどこか。やるべきこととは何か。何を予測し、今をどう反省して、危機を乗り越えていけばよいのか。その回避の仕方を含めて、素晴らしい未来の図面をどう引いていけばよいかを、考えなくてはならない。

グローバルな視点に立ち、かつ環境を含めた企業努力の一目標として、提言されているものの一つが情報技術である。

アメリカ、西欧、日本等、特に裕福さを今現在享受している国々の見識者たちは、一応にこの情報技術の可能性に傾斜し、未来予測の一つに積極的に取り入れている。知識を広め、予測を可能にし、ジェット機や船舶、自動車を利用した〝移動〟を、情報技術が代替すればよいと考える。すると行動にともなって起こった諸々の消費、手間、環境破壊は未然に防ぐことができる。

だが、果たしてそんなことで事足りるであろうか――。

今ここにある環境の危機は、それで回避できる状態なのか――。

結論から先にいえば、私は十分ではないと思っている。

情報公開が環境対策を刺激

戦後の高度成長、二度のオイルショック、バブル、バブル崩壊、構造不況……、昭和から平成へとたどる経済と産業の復興史の間で、企業が形としては常に環境と対立してしまう時代が長く続いた。

これからの新しい経済の時代は、もはや〝企業が環境と手を結ぼう〟という、観念的な共存のポーズで済まされる段階ではなくなった。企業側が本気で積極的な対策を試み、自らが適応し変わっていかなくてはいけない大きな岐路に立っているといわざるを得ない状況となった。

また振り返れば、さまざまな環境保護団体等は、常に企業に対峙するような立場で、保護を叫んできた。「反対」のアクションは、自然、対立の形を取る。ならば、果たして、企業は市民側のこのような運動によって、環境に対する認識を改めてきたのであろうか。

企業は、環境を何らかの形で破壊したという事実の、市民側からの告示によって、その姿勢を変えてきたのであろうか。

私は否、とはっきり答えたい。

RANのような過激な団体の場合でも、彼らはこちらとの度重なる交渉、会合を経るうちに、少なくとも私たちを理解し、私たちの態度を真剣な応対と評価、再評価して、次第に歩み寄りを示してくれたのだ。ボイコットより、一緒になってもっとクリエイティブなことをやってみようか、一緒に考えよう、その方が世の中のためになるじゃないか、とお互いが考えを変えてきた。

これは双方に見られた変化で、こちら側も交渉の当初に比べて、ずいぶんと柔軟な対応に変貌してきたのである。

しかし、だからといって、環境保護運動こそが企業に自省を迫り、その産業目的の方針を変えるまでに至った要因だったとはいい切れない。

アメリカのRANを待たず、わが国日本でも、数々のNGOが活発に運動を繰り返してきた。

近年、経団連を始め産業界は、環境問題に対し種々の公約を掲げ、時には目標を掲げて宣言するケースが多くなってきた。こうして、環境NGOが持っていた社会へのアラーム機能自体が、二十年前などに比べ、あまり機能しなくなってきたのである。

環境保護団体側も、企業とジョイントをし、一緒に何かを考え実行しようという態度に軟化し、双方の目がよりグローバルな環境保護対策、例えば社会教育、あるいは社会の啓蒙といった方向へと向き始めていったのである。

企業は、長く環境保護運動から批判され、また批判してきた。しかしその刺激によって長い対立の結果、我々は今、自らの再編成を考え始めたかといえば、それはやはり違うのである。では何が、この関係の大きな変貌の理由となったかと考えれば、それは情報であったと思う。

例えば、石油の枯渇や酸性雨、海洋の汚染、ダイオキシン等の化学物質の恐ろしさは、全世界で連日報道される。オゾンホールの大きな穴、大気圏を突き破った不気味な穴が、テレビ画面や新聞紙面にはっきりと視覚提供される。毎日、テレビ、新聞、雑誌を始めと

論点

米の環境教育に学ぶ

木内《きうち》　孝《たかし》　三菱電機常務

問題が多いアメリカの小・中・高校の学校教育の中にも幾つかうらやましいことがある。その一つは企業と学校とのパートナーシップの制度だ。「アダプタ・スクール」と言い、会社が近くの学校と養子縁組をして何かとお手伝いをするシステムだ。

私たちのアメリカの会社(ロサンゼルス郊外)も、近郊の小学校のパートナーとなって久しい。私自身も在米中には、近くの二つの小学校の五年生を担当し、年に数回授業を受け持ち、話をしたり会社へ何クラスもの生徒を招き、ハイテクや最近流行の情報技術について色々実験をしながら説明をした。

五、六年前から会社の現地従業員や学校の先生方から、アダプタ・スクールでの最近の課題について耳にするようになった。

曰く、「世界中の五十八億の民が今のアメリカ人と同じ暮らしをしようとすれば、環境と資源を考えた場合、地球が三つ必要になる。しかし地球は一つしかない」

「産業革命以来の工業化の活動は、西欧とアメリカ、そして日本など七億人程の国民を抱える一握りの国々の動きであった。その活動に中国、インド、東南アジア、東欧の何十億の人たちが参加を企てている。その熱意、運動を阻止する権利は私たちにはない」

「地球は、七億人の工業化でここまで汚染され暖かくなってしまった。三十億の人たちがワッサワッサと参加し欧米並みの暮らしを始めたら、この地球は一体どうなるのだろう」などだ。

親しい学校の先生が説明してくれた。

一九六〇年代の環境教育はせいぜいこれをしてはいけない、あれをやってはいけない、ところ構わずゴミを捨てないで、という程度だった。

七〇年代になって汚すな、無駄をするな、が生徒たちへのメッセージになった。

それが八〇年代になって私たちに何が出来るか、リサイクルを意識し、健康食品や環境に良心的な会社の製品を買おう、使おうという運動に移ってきた。

そして、最近の九〇年代はどうなのかと尋ねると、今までの色々な試みが一段と加速されてきたという説明だ。

最も顕著な傾向は、生徒が自然に接する機会を増やし、無駄を全く出さない自然界の現象をよく観察させる教育が増えてきたということだ。自然界は化学薬品も殺虫剤もいかなる外界からの物質も必要とせず、自分で持続の方法を知っている。

バーモント州の高校へ行ってみた。化学肥料を全く使用しない小さな農園が付属していて、英語と科学の二つのクラスを一緒にして「自然の本質」を勉強している授業に出くわした。機会さえ与えられれば、子供たちは人間が自然にどのようにどれほど依存しているかを認識する。また、若い時代に自分たちの世界と自然界を離れさせてはいけないと教えている情景は、見ている者にすがすがしい印象を与える。

オハイオ州北部の五大湖に近く、酷寒の冬を経験せねばならない小さな学園都市へ行ってみると、学校の建物そのもののテーマが太陽熱とリサイクル。新鮮な空気と、さんさんと降り注ぐ太陽の光の中で、学生たちは自然と環境に興味を持つ仕掛けだ。禁煙運動を始めて十数年しかたっていないと思うが、このノンスモーキング運動の盛り上がりには驚かされる。ジャズのライブを聴きに行ってもたばこが吸えない州や町が増え、ジャズマンたちも休憩時間に外に出てたばこにありついている姿はこっけいでさえある。

禁煙運動もそうだが小学一年生からあるマルチメディア教室も私の優先順位からすると環境問題より低位にあるが現在は全く逆で、大変人気のある課目だ。しかし、いったんペースが固まると全国的規模で展開するキャンペーンが多いアメリカのこと、環境教育の今後の展開が楽しみだ。

スウェーデン、ドイツなどの環境保護と資源の有効活用の運動は、アメリカより数年先行しているが、他者の後塵《こうじん》を拝することの嫌いなアメリカ人のこれからの頑張りがみものだ。

大学やメディア、あるいは様々な団体が開催するシンポジウムやセミナーに参加して思うことは、最近「エコ・リテラシー」という考えが急速に話題になってきたということだ。リテラシーとは「読み書き能力」の意味の英語だが、「エコロジー(生態環境)」をくっつけ、環境への理解・意識の深さを表す言葉だ。単に空気・水・土や資源を守る能力、大切にする関心度ばかりでなく、自然環境全体に関する国民の意識水準が問題になっている。私の希望は一日も早く国単位でエコ・リテラシーの国際比較が出来るようになることだ。

環境問題や無駄を戒める資源の活用などは、少年少女に知らしめなければならない大切な課題だ。アメリカの環境教育から学ぶべきことは多い。

◇　◇

前三菱電機アメリカ会長。著書に「アメリカで働くということ」「ニューエコノミー　熱帯雨林からの四つの提言」など。62歳。

読売新聞(平成10年3月25日付)より

するメディアが、情報として環境の現在、そして未来を、その危機を克明に映し出す。

特に国民の視聴覚に訴えてそれらは提供される。だから我々の持つ環境の知識や環境の限界に関する知識が急速に増え続けて、科学的事実がお茶の間の至るところに余すところなく流れていく。

現状と未来予測が、一般市民に明らかになっていったのである。

環境は情報公開され、その裸体を晒した。

確かにRANなどの環境保護団体が果たした役割も大きかっただろう。

アラーム機能として、産業人への貴重な警鐘となっていたのは確かである。がしかし、同時に一九八〇年代の後半あたりより、私たち企業サイドでも環境を考えるセクションが自発的に設置されるようになっていたのを見逃してはならない。

ほぼ同時に、それは起こったともいえる。

そして今この情報の公開により、誰もがもはや疑わなくなっているのも事実だ。このまま世界が消費を続ければ、やがて近い将来にすべてが枯渇し、環境が台無しになるということを――。

人々は、資源の、そして地球の有限性を十分認知している。後で詳しく紹介するスウェーデンのナチュラル・ステップは、そんな認識と自覚から生まれたのである。

ぜひ必要な社会共通の環境指標

さて、情報が行き渡り、各企業が環境への取り組みを根源的に考えている今、さまざまな変革の契機が生まれ、芽が育ち始めている。

ただ一般の企業ではどうか。

各自それなりに努力はしているのだろうが、いかんせん日本の国自体の環境対策は歴史がとても浅い。

お互いがそれなりに頑張って実績をつくってはいるが、ただその実績を共通のバロメータのもとで評価し、判定し、批判する土台、共通した規格がないのは困った現状である。環境指標というものが設けられていないため、現状では実績を見る上で混乱を来たしているのは否定できない。

指標がないため、比較検討、評価ができない。

例えば環境への取り組みが、AというB企業はBやCより優れている、遅れているという具体的な比較ができない。経済の発展度から見たその企業の環境への力の入れ方、基準から測る環境への貢献度、つまりGNPのような指標が欲しいのである。

省エネや廃棄物処理、リサイクル性といった、項目別に判定できる企業の環境貢献度を測る指標が、今求められていると思う。

環境を査定するスイス銀行

例えば、スイス銀行の場合。

独自に環境指数を設けて、指標を設定し、ファイナンスに活用しているという。彼らの独自の指標によって企業を評価し、環境優良企業と判定できれば、投資のパッケージとして売り出す。環境指標とファイナンシャルな指標とが相関関係にあるから、金融商品としてのリターンも高い。スイス銀行はそのようなデータの積み重ねによって、環境をビジネスに結び付けているという。

日本の金融機関、銀行は、まだまだここまでは行っていないようだ。

おそらく今はバブルの不良債権処理で、環境どころではないだろうが、損害保険会社などでは損保に環境をからませて、銀行より一歩先へ行っている。

日本経済新聞を見れば、企業の環境指標に関するレポートの掲載が、最近よく目立つ。特に化学関連のメーカーが、財務諸表のように、環境諸表を積極的に公表するようになっている。

読んでみると、かなり詳しいところまで項目別に分けられて、感心する。石油をどれだけ使ったかとか、用水に何を排出したか、エネルギーをどれだけ使ったか、今年はこれだけ節減できた、など数値データをそのまま公表しているため、大変説得力もあり、読んでいて参考になる。

今後、毎年継続して公表を続けるならば、それはそれで大きな意義があると思う。むしろ、遅過ぎた感があるくらいだが。

が、じつはここにも問題がないわけではなかった。

たとえ多くの企業がエネルギーの使用量や、二酸化炭素の削減量、廃棄物の総量を発表しても、そのデータをそのまま我々は比較にすることができない。

なぜなら、全体に共通した計測の基準が決められていないのである。環境指標がない弊害である。国ごとに、企業ごとにデータの取り方がまちまちになっているため、国内でも世界でも比較ができない。

一概に廃棄物の量といっても、測り方がメーカーによっては違う。トラック何台分と測る会社もあれば、あるいは何トンと測るところもある。表現がバラバラである。統一性がないため、ある企業によっては、工場の屑鉄やアルミニウムの廃棄物を無料で業者に引き取ってもらいながら、再生の原料として渡したと主張して、廃棄物としてカウントを除外するケースもある。

現状では、まだどこか〝データを公表しているというイメージづくり〟の感が強い。

会計基準のように、監査があり、約款もあって共通の指標が持てれば……、経済成長の度合いをすぐ確認できるように、環境の分野でもぜひ国内共通、万国共通の指標を……、と私は最近思うのである。

第四章　持続可能な企業を創造するための羅針盤、ナチュラル・ステップ

再び私を襲った生命の危機

「ミスター・キウチと会ってね、私の人生は変わったんだ」

久しぶりに来日したポール・ホーケンは、開口一番にそういった。

「えっ、なぜ？」

「わからないか」

「…」

「腕立て伏せを始めたんだ。生活に新しい規律ができた。以前の私とは違う。ハッハッハッ」

彼はいたずらっぽく笑った。

今から二〇年ほど前のこと、イスラエルを訪問した直後だった。

突然私は、急性肝炎を患ってしまった。

運ばれた病院で、医師は私の血液検査の結果を見て、血中のＧＰＴ値がこのまま増え続け二〇〇〇に達すれば死ぬと、酷い宣告を放った。私ははっきりと「死」という言葉を聞きとった。値はすでに一五八〇に達していたのだから、相当危険な状態にあったに違いない。GOT値も八六〇という高い数値だった。

しかし、私はまた蘇った。

あのカナディアン・ロッキーの自動車事故のように……。

予後は明らかに病気の後遺症で身体は脆弱した。なんとかもとの健康な身体に回復したい、身体を鍛えて将来の病気の予防に備えたいと願ったが、そのために何をしたらよいかわからなかった。

一年三か月後、私は毎日腕立て伏せすることを決意する。当時、マサチューセッツ工科大学でエグゼクティブ相手の三か月コースに潜り込んでいた私は、仲がよかったルームメイトと約束して、鍛錬と公約を誓い合い、二人で始めたのである。

初日は、スローペースで十五回。ところが、日が経つにつれて一日一〇回、三〇〇回、五〇〇回と回数が増し、ついにはなんと千回以上楽々こなせるようになったのである。大切なことは、毎日毎日決して欠かさずに続けること。お陰で健康体も取り戻すことができた。もちろん、今も毎日続けている。

この話を以前ポール・ホーケンにしたことがあった。彼はそれを覚えていたのである。

にんげん図鑑

経営力養う 腕立て伏せ

「生命力と経営力は体力から」という三菱電機常務の木内孝さん(六二)=写真=は、毎日腕立て伏せを千二百回しているが、十七年間の累計が今年中に五百万回を超える勢いだ。回数は毎日手帳に記入し、すでに四百八十万回になった。

この六月まで九年間いた米国では、忙しくてもスポーツで汗を流す経営者が少なくない。腕立て伏せも米IBM社の友人に薦められて始めた。日本ではジョギングもしない生活だったが、滞米中は一転してマラソンやスカイダイビングなどにも挑戦した。おかげで「アメリカの企業役員が、スポーツ活動を通して地域社会と結びついていることを体で理解できた」と話す。

帰国してからは、ハイヤーの自宅送迎を断り、週に二日ほどは自転車通勤だ。天気のよい日は東京都内の自宅を早めに出て周辺を「偵察」するのが習慣になった。ただ、最近は渋谷や六本木の繁華街にたむろする無職風の若者たちを見て、「あの自堕落(じだらく)な雰囲気には身震いがした。日本の将来は危うい」と思っている。

朝日新聞(平成9年9月27日付)より

しかしまさか、彼自身が腕立て伏せを始めるとは……。

ポール・ホーケンと私とは、いつもこんな感じで付き合いが続いている。立場はまったく違う者同士なのだが、会うとすぐ、意気投合できた。時間はかからなかった。人間がお互いを理解し合うにはどうしたらよいか考えた時、高邁な理論や主張を語り合っても始まらないと、彼も私もわかっていたからだ。そんなことをしてもテレパシーが通じない。それより、例えば一緒に何かをする。一緒に何かをしようと提案する。どんな小さなことでもよい。行為、行動の方が長時間をかけた議論より大事だとお互いがわかっている。

ポール・ホーケンは、私にとって、そんな〝通じる仲間〟の一人だ。

最近、彼と企画を進めている会議のプログラムが、アメリカから送信されてきた。予定表を見ると、「朝七時半、木内と腕立て伏せ」とあり、思わず笑ってしまった。

常に環境を強く意識した企業でありたい

ポール・ホーケンは、自然食品、通販の事業を興し成功した経営者であり、また『サスティナビリティ革命』などのベストセラーを連発する思想家である。

エコロジー関連では世界有数のオピニオンリーダーの一人といってよいだろう。現在はアメリカのナチュラル・ステップ支部代表を務め、私たちの日本支部づくりにも協力してくれている。彼はまたフューチャー500の思想的な柱であり、産業エコロジーの概念のよき推進者でもあった。

そんな彼との出会いは、ナチュラル・ステップのおかげだった。

「三菱電機は常に環境を強く意識した企業であり続けたい――」

私は三菱電機アメリカの代表をしていた在米中から、ずっと強い理念を抱いていた。環境にどう取り組むか、自分たちの進むべき道の道標を何に求めるか、何度も暗中模索を繰り返しているうちに、運動の核となるもの、バイブルのような思考の基礎となるものが、ぜひとも私たち企業人には必要なのだと、痛感していた。そんな時、ナチュラル・ステップを知った。

RANのリーダー、ランディ・ヘイズ博士が、アメリカで環境コンサルタントを手がけているスーザン・J・バーンズ女史を私たちの集まりに連れてきてくれたのだ。それから今日まで、ナチュラル・ステップの推進者でもある彼女から、実に多くの貴重な示唆を受けることができた。

一九九七年二月、カリフォルニア州サウサリートで、私は早速、社の環境対策の指導的立場にある者たちを二十数人集め、ナチュラル・ステップのトレーニングにチャレンジしてみた。

東京の本社の吉田敬史環境・品質部企画グループマネージャーを始め、三菱電機アメリカの七つのプラントから、それぞれのトップの参加を要請した。

結果は、予想以上であった。

講習プログラムは極めて効果的で満足の行く内容だったため、私は今まで体験したことのない強い手ごたえを感じた。同僚たちも、ほぼ同意見だった。

研修の最後に、吉田敬史君が語った言葉は特に印象的だった。

「ナチュラル・ステップのシステム条件を知って、頭の中も心の中もすっきりと整理された思いがします。企業の中で環境マネージメントの旗を振っていくのが私の仕事なのですが、社長から一般社員にまで環境に配慮した仕事をしなければならない必要性を本当に理解してもらうための土俵、その座標軸のようなものができたと思います。何よりも自分の心の座標軸ができたこと、改めて信念を持ってわが社を環境優良企業に導くことに精一杯努力しようという意欲が湧いてきました」

私たちは、環境というつかみどころのないテーマに対して、初めて確かな手段、方向性を意識でき、進むべき道を垣間見た思いだった。そしてアメリカの大手企業のCEOの中で、トレーニングを受講したのは私が初めてだったと聞き、これはぜひとも日本でも導入し実施して、一人でも多くの企業家たちに体験してもらいたいと考えたのだ。

フューチャー500にナチュラル・ステップを導入した経緯は、こんな事情だった。

バック・キャスティングとは

昨年の十一月には、ナチュラル・ステップ創立者であるスウェーデンのカール・H・ロベール博士と、スーザン・J・バーンズを日本に招き、私どもがシンポジウムを催した。わが社からは三橋堯常務、そして私が出席して、「地球環境保全と企業のあり方」をテーマに話し合ったのである。

企業は、企業という枠組を越えて、地球環境を考えていかなければならない。境界を越

三菱電機にて行われた環境フォーラム。左から三橋常務、ロベール博士、スーザン女史、著者

えた知恵を出し合い、行動を起こすには、何が最も求められているのか。大切であるのか。

まずナチュラル・ステップの提唱する基本原理をベースに考え、現在の消費一辺倒の社会から、循環型社会システムへの移行を企業として真剣に考えなければならない。ここでいう循環型社会とは製造、流通、消費、そして廃棄後のリサイクルを含めた全体の流れをいう。

カール・H・ロベールは、

「現在のエネルギー源の構成をすぐに変えるのは、もちろん無理である。そこでバック・キャスティングという考え方を試みてほしい。将来、太陽エネルギーだけに頼った世界の状況をまず想定してみる。そこに自らを置いて、現在を振り返る(バック・キャスティング)と、ギャップに気づくだろう。そのギャップをどうしたら埋められるか。例えば太陽エネルギーで水から水素をつくり、蓄積する方法も考えられる。技術開発と量産化で、価格も下げられるはずだ。太陽電池、水素関連の市場が広がるに違いない」

新技術の開発は必要だが、ビジネスそのものに対する発想もそろそろ転換しなければならない、とロベールはいう。

「欧州のある家電メーカーでは、〝冷蔵庫という家電品を売る〟という従来の固定観念か

基調講演

経営力としての環境戦略

三菱電機常務　木内　孝

アジェンダを明確に提示

米国、欧州、日本などが猛烈な工業化を進めたのはせいぜいこの百年だが、これからは、インド、中国などの二十五億以上の人たちが欧米並みの生活を得ようと工業化に参画する。彼らに対して、それをしてはいけない、という権利は我々にはない。

しかし、地球上の五十八億の人間のうち、少なくとも二〇％は今日・明日の食事がままならない生活を送っている。一方で、例えばパーティーでは食事の半分を捨てている。私は、そういう場で、私たちはどういう世界に住んでいるということを皆で話し合おうという運動をやっている。

今、我々に何ができるのか。企業というのは規模が大きく、グローバルに世界の隅々にまで手を伸ばせる。環境について企業の行動はきわめて重要である。

三菱電機では数年前から品質管理と環境保全の部門を一体化した。製品・サービスの品質と環境とは対立するコンセプトではなく、補完し合うものだからだ。

企業とは顧客あっての組織である。お客様に親近感を持ってもらうために伝えるメッセージは何か。どういうアジェンダ（計画）を持ち、メッセージをどう発信していくかが企業の生死を決定付ける。メディアの理解のない企業は滅びる。

企業のアジェンダがはっきりし、提案を世界に発信する時に、メディアに理解してもらうことが大切だ。

私は六月まで約十年間米国にいた。その間に「フューチャー・ファイブハンドレッド」という組織を作った。米国で「これは」という会社を五百社集めて切磋琢磨（せっさたくま）して環境問題で世界に打って出よう、世界に手本を示そうと狙ったものだ。現在、百三十八社が集まっているが、二百社、三百社になったら、皆で共有できる。例えばエンジニアリングのグループを持つ。企業から要請があれば、そこへ行って、他の会社の例をアドバイスしようと思っている。

一言で言えば、仲間作り、ネットワーキングだ。米国経済の強さはネットワーキングである。十年前まで、米国屈指のコンピューター会社は三十近い研究所間で競争しても、外のものは取り入れなかった。今は外部ともネットワーキングしている。そうしないと生きていけない時代で、環境も同様だ。

今やろうとしているのは難しいことではない。有害物質は使わない、再利用・リサイクル・省エネ、まったく普通のことだ。とりあえずは従業員一人ひとりがそれを自覚し、一般の人にも広まっていくことが大切である。

そのためには若い時から始めないといけない。米国ではアドプタスクールといい、企業と学校がパートナーシップを組み、お互いに行き来して教育に役立てている。私がいた会社では、近所の二つの学校と縁組みし、一つの学校に私自身、年二回は行って話をした。マルチメディア教室もいいが、小さな子供に地球・資源について話す方が重要だ。

倹約、質素、無駄の排除など当たり前のことに過ぎない。ただ、一人でやってもいけない。皆とネットワークを組んで、そこから生まれる我々の思いをはっきりしたメッセージにして知らせることが大事だと思う。

日経新聞（平成９年12月17日付）

ら、〝冷やす機能を売ろう〟、と発想転換を試みた。電力会社は、〝電力を売る〟のではなく〝明かりや、一定の温度がある環境を売る〟と、コンセプトを変える。物ではなく、サービスや機能を売るんだと考えを改めるのだ。こうすれば、できるだけ少ない物質や資源で、より多くのサービスを提供しようという傾向が生まれてくるはずだ」

これについて三橋堯常務は、

「産業が社会に対して、供給する側、消費する側、そして廃棄物を資源に戻す側という、三つの側面を持ち始めた今、〝三方一両損〟のような現状を〝三方一両得〟に変えていく必要があるだろう」

と、企業が循環型社会システムへ移行するよう努力することを確認した。

対話は有意義であり、四者対談の形をとったフォーラムはマスコミでも取り上げられた。ナチュラル・ステップを日本の産業界に紹介する活動は日本能率協会や日刊工業新聞社、三菱総研、荏原製作所など、いくつかの企業からも賛同をいただいた。

「仕組み」を横軸、「意識」を縦軸

アメリカ、日本、ヨーロッパから全世界に至るまで、ナチュラル・ステップのめざす環境志向が行き渡れば、どんなに素晴らしく地球環境が変貌を遂げるか──。そんな夢想をつい抱きがちだが、もちろん導入したからといって、すぐさま企業が具体的、効果的な変化を実行できるわけではない。

ナチュラル・ステップは、あくまでも羅針盤である。

環境経営を実践するために、本社がマネジメント・システムを敷き、その仕組みの中で全社が計画に沿って実践する。

しかし、結局システムを動かすのは人である。なぜこれをやらなくてはならないのか、何のためにするのか、その深い共通した理解がないと、結局仕組みはつくっただけで終わってしまう。21世紀まで継続してはいけまい。

「仕組み」を横軸とするなら、縦軸となる「意識」が必要だ。

環境パフォーマンスを職場から盛り上げ高揚させるには、また従業員の認識を高めるに

人とシステム

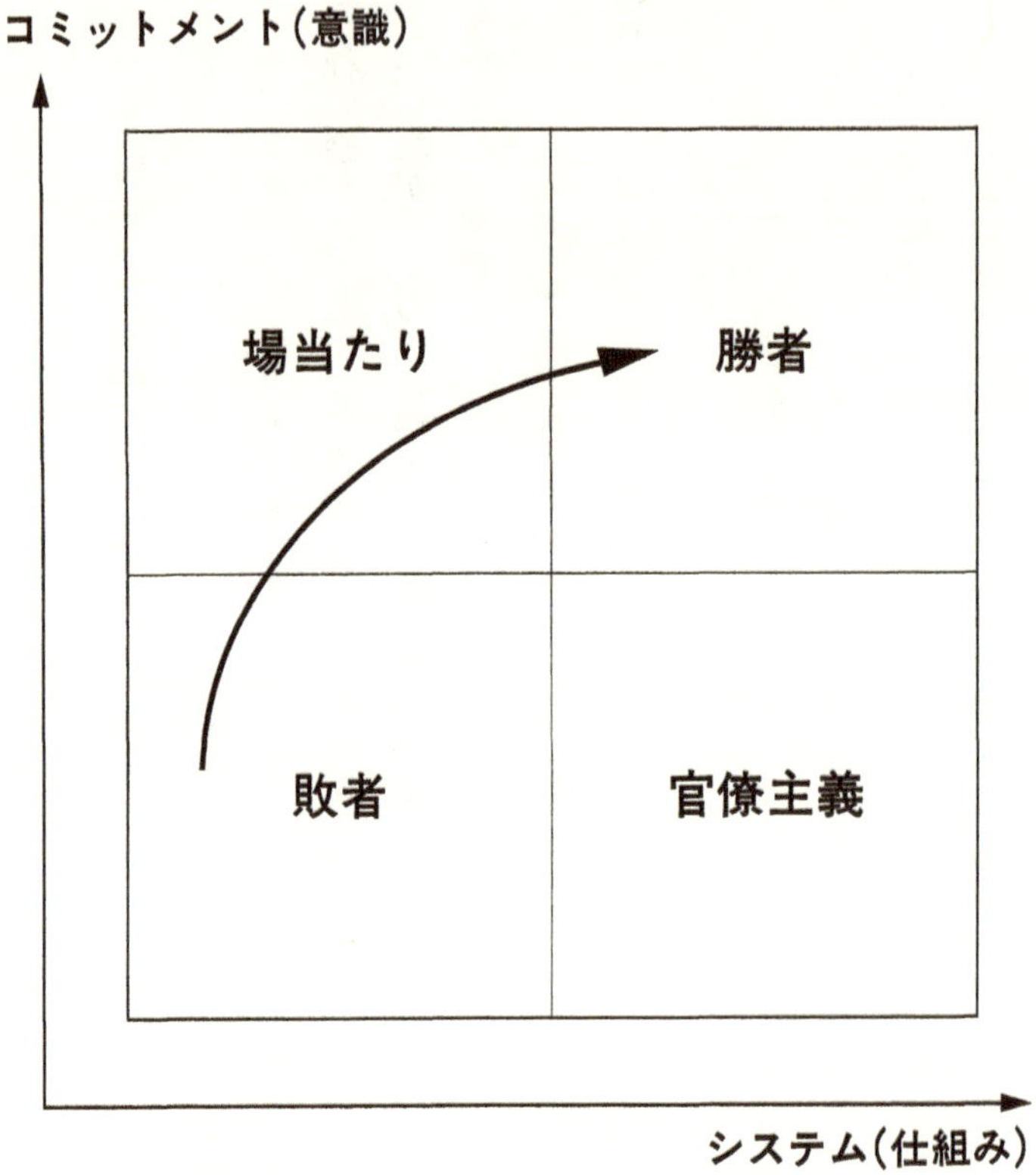

仕組みと意識の関係について説明しよう。仕組みもなければ、意識もないでは環境経営どころか、なにをやってもだめだろう。そこでISO14001のようなシステム、すなわち仕組みを構築しても、その仕組みを使って何をしようとするのか、その目的とか理念が共有されていないと仕組みに人が使われる「官僚主義」に陥ってしまう。
一方、目的意識や理念だけで、しっかりした「仕組み」がなければ問題に対して「場当たり」で対処することになって、ドタバタと動くだけで効率が悪い。結局、「仕組み」と「意識」が揃ってはじめて我々は本当の環境経営を実現でき、勝者になることができる。

Dynamo Ecology AB社資料より

は、やはり経営者自ら意識を高めていかなければならない。

経営者の意識の向かう方向性こそが、ナチュラル・ステップという、啓蒙教育の羅針盤の役目なのである。

ナチュラル・ステップでは、持続可能性という言葉が頻繁に使われる。展開される主張は決して空理空論、夢想ではない。誰もが否定できない、洗練された原則をもとに組み立てられているので、企業人にとっては今まで知り得なかった、魅力的な信頼性の高い羅針盤として受け入れられるだろう。

誰もが最終的には反対できない、いわば小学校の初等教育のような、納得のいく物理学の基礎で裏づけられた理論は、エンジニア、営業マンを問わず、どんなセクションの人にも共通の土台として、共有できる普遍性がある。

そして環境をテーマとしたあらゆるシンポジウムや講演、ディベートで、私たちは話す土台が堅固であることによって始めて、コミュニケーションを可能にできるだろう。

さまざまな企業、学校、研究所で、良識ある人々が環境対策を模索し、試行錯誤の努力を重ねている今、ナチュラル・ステップ導入が一つの橋がかりになることを、私は願って止まないのだ。

ナチュラル・ステップとは

ザ・ナチュラル・ステップ（TNS）は一九八九年、スウェーデンの小児ガン専門医だったカール・H・ロベール博士により設立された非営利団体である。

ロベール博士は小児ガンの増加傾向と環境汚染の関連性を調べ続けていたが、環境や医学の専門家たちの、問題の細部に係わる際限のない論争によって、すぐにも必要な行動が妨げられていることを知った。大切なのは問題の細部の違いを強調し、互いの行動を抑制し合うことではなく、だれもが合意できる原理に立って、環境問題全体にシステム的に対応することだと、博士は考えるようになっていった。

細胞の専門家であるロベール博士は原生動物から人間まで、およそ動物の細胞は驚くほど皆同じであることを知っていた。細胞が生きていくための条件として基本的原則があるはずだ、そしてその原則には皆が合意できるはずだと博士は考え、誰もが納得できる科学原理から出発して細胞が持続的に存在できるためのシステム条件を導き出した。

博士はスウェーデンの著名な科学者たち五〇数名に手紙を送り、彼の考えるシステム条件が科学的、論理的に正しいかどうか、批判を仰いだ。粘り強い手紙のやり取りの中で、ロベール博士を中心にスウェーデンの科学者の間で持続可能性のシステム条件についてコンセンサスが成立したのだ。

科学者たちのコンセンサスはやがてスウェーデン社会全体のコンセンサスという位置にまで高まっていった。カール・グスタフ・スウェーデン国王が公式バックアップを表明、スウェーデンの全家庭と学校に向けて、ナチュラル・ステップのシステム原理を説明する冊子とオーディオテープが合計四三〇万部配付された。

スウェーデンは人口の少ない国だが、それでも国内の全家庭にナチュラル・ステップの説明書が配付されたというのは前代未聞のことだ。

地方自治体、学校、そして企業でナチュラル・ステップのシステム原理に立脚した環境への取り組みが開始された。欧州一の家電メーカー、エレクトロラックス社、家具で有名なイケア社、北欧のホテルチェーンのスキャンディック・ホテルズなど、スウェーデンの一流企業がナチュラル・ステップの考え方を経営に取り入れている。

ナチュラル・ステップのシステム原理については次節で詳細に説明するが、そのすべての原理を直ちに満たすように生活や行動を変えることは不可能であり、またナチュラル・

ステップもそんな過激なことを求めているのではない。

あくまでナチュラル・ステップであって、ジャンプしろというのではない。

我々の行くべき道をシステム条件で明確にしたら、それを羅針盤として一歩一歩進めばよい、今システム条件を満たしていない活動をどうすれば条件に合致するように変えていけるのか、それをしっかりと考えて進んで行けばよいのである。羅針盤があるからもはや迷うことはない、それがナチュラル・ステップの強みである。

ナチュラル・ステップはその後世界に広まっている。

現在、アメリカ、イギリス、カナダ、オランダ、フランス、オーストラリア、ニュージーランドなどで組織が設立されている。これらの国々では、自国の科学者たちの間でもシステム条件について検討し、同じようにコンセンサスが得られている。

欧州発の考え方を容易には受け入れないアメリカでも、一九九七年にオゾン層保護で有名なローランド博士など一流の科学者を集めて、システム条件の妥当性を議論する会議を開催、その結果ナチュラル・ステップのシステム条件が持続可能性を定義する観点から正しいことが認知された。

一九九七年にはナチュラル・ステップ・インターナショナルという国際組織も設立され

た。日本でも現在ナチュラル・ステップ・ジャパンの設立に向けて準備中である。

それでは、ナチュラル・ステップが訴える、持続可能性のためのシステム条件について紹介しよう。

ナチュラル・ステップのシステム条件

ナチュラル・ステップの持続可能性のためのシステム条件は、以下の四つの科学的原理から導かれる。

① 物質やエネルギーは創造したり、消滅させたりすることはできない（保存の法則、熱力学の第一法則）

② 物質やエネルギーは拡散する（エントロピーの法則、熱力学の第二法則）

③ 社会が消費するもの（価値）は物質の品質、すなわちその構造と純度であって、物質そのものではない。

④ 地球上での価値の真の生産者は光合成する植物細胞のみである。

各項をさらに詳しく付け足せば、
① 保存の法則、熱力学の第一法則によって物質やエネルギーは生まれも消えもしない。つまり廃棄物を燃やしてもそれらの物質が消滅するわけではなく、大気圏や水圏、土壌の中などにもとのままの分子として拡散され蓄積されるだけである。
地球は物質的には閉鎖系であって、その中の物質はどこにも行きようがないのである。
② エントロピーの法則は、閉鎖系では外からのエネルギーが加えられて仕事をしない限り、内部の秩序は徐々にくずれ、無秩序に向かうことを教えている。
学生時代の一人暮らしの部屋を思い出せばわかるだろう。誰かが整理整頓、掃除をしない限り、部屋の中は次第に物が散乱しゴミ箱のようになっていく。

物質にとって閉鎖系である地球では、トータルとして後片づけのサービスを期待できる外部からのエネルギーは太陽光しかない。
③ 我々は物質を消費するのではなく、物質の品質、その構造と純度を消費している。
飲料水を飲む時、きれいな水がコップに集められて初めて飲むことができる。水にインクが一滴落ちて混ざってしまえば、もはや飲料水ではない。集められ、一定の純度を持って初めて飲料水として消費される。

テレビ受像機は物質の固まりであるが、テレビとしての構造を持って初めて機能を発揮する。我々はテレビを構成する物質ではなく、その機能に価値を見い出している。

④　地球にとって唯一の外部からのエネルギーは太陽光線である。太陽光を受けて植物がつくり出す秩序、蓄積するエネルギーだけが地上の秩序を保つ源泉である。

（我々はいろいろな物を製造しているが、その物の秩序を増した分、周囲にはそれ以上の無秩序をつくり出している）。

光合成の機能がなかったら、地球には今のような秩序ある生態系はなく、人間も生まれていなかっただろう。

システム条件1

生物圏の中で、地殻から掘り出した物質の濃度を増やし続けてはならない。

すなわち化石燃料や金属などを、自然が地殻に堆積する速度より早いペースで生物圏に放出してはならない。自然の炭素循環、森林や海洋の二酸化炭素吸収力を上回るペースでの化石燃料からの二酸化炭素放出が気候変動を起こし、生態系を破壊している。

我々は、化石燃料、金属資源への依存度を減らすような技術体系に向かわなければならない。

システム条件2

生物圏の中で、人工的に製造した物質の濃度を増やし続けてはならない。すなわち合成化学物質などを、自然が無害化する能力以上のスピードで放出してはならない。

我々人間の生命も細胞に支えられている。細胞が生命四〇億年の過程で遭遇したことのないような合成化学物質に曝されることは、極めて危険である。それもそうした合成化学物質の濃度がどんどん上がっていくとすれば、細胞には変異が起こったり、最終的には死んでしまうだろう。

現代人の体内からは、一九二〇年以前には存在しなかった合成化学物資が五〇〇種類以上も計測可能なレベルで検出される。これらの物質が生体の中で総合的にどんな効果を及ぼしているのか、まったくといっていいほどわかっていないのである。

『奪われし未来』で警告された内分泌攪乱物質、いわゆる環境ホルモン物質の危険性はまさにこのシステム条件2を破った技術文明の破綻の一端を見せている。

蛇足だが、わが国では環境ホルモン物質の影響を生殖面、オスのメス化などの観点からのみ警告しているが、これらの物質は胎児や幼児の発育過程の脳に影響することで、行動異常、感情異常、IQ低下などをもたらすことがわかってきている。日本の都市は世界の一〇倍以上もダイオキシン濃度が高いという。

最近の日本の若者の自己規制能力の欠如、軟弱化は果たして単なる時代の反映なのだろうか？　内分泌攪乱物質の影響について早急な研究が望まれる。

システム条件3

自然の生産性や多様性の物理的基盤を破壊し続けてはならない。

すなわち自然の再生力を越えて収穫してはならない。化学肥料づけの農業は土地をやせさせ、持続できない。

森林資源、水産資源も然りである。閉鎖系である地球では、エントロピーの法則によって太陽エネルギーに基づく自然の浄化、再生能力以上の「生産」を上げることはできない。太陽光をエネルギーに変えるバクテリアから植物細胞を基本にする生態系システムなくして、人類は生存できないのである。

システム条件4

人類の基本的な欲求を満たすための資源の利用は、公平かつ効率的でなければならない。システム条件の中で唯一の社会システムの条件である。システム条件1から3を満たすためにも、人類全体での公平な資源の配分が不可欠である。富の偏在、不公平などは人類社会の安定を阻害し、協力関係も築けない。

そして生態系に学ぶ資源利用の効率化にこそ、豊かな人類の未来がある。

総括すると、

① 生物圏の中で、地殻から掘り出した物質の濃度を増やし続けてはならない。
② 生物圏の中で、人工的に製造した物質の濃度を増やし続けてはならない。
③ 自然の生産性や多様性の物理的基盤を破壊し続けてはならない。
④ 人類の基本的な欲求を満たすための資源の利用は、公平かつ効率的でなければならない。

これらの四つのシステム条件を満たす世界、社会経済システム、それを支える技術を実現するように、一歩一歩各人が自らの持ち分の中で、改善を進めていくことをナチュラル

・ステップは教えている。
そして、四つのシステム条件を満たすような経済システムこそが、究極の産業エコロジーなのである。

環境を持続可能にする新モデル

持続可能な環境モデルとは、人間社会の仕組みが有限な資源を基礎とした自然の条件に合うように、枠組みを提供するものだ。

システム・コンディションとは、まさにその枠組みである。持続可能な枠組みを出発点として利用すれば、経済システムはそれを支える自然体系との調和が可能になる。

一人ひとりが、このような具体的な計画に貢献できるようになること――。

私たちのモデルは、この点をねらいにして組み立てられている。

もちろん、以上の科学的原理、枠組みの設定までには、創立者カール・H・ロベール博士の並々ならぬ尽力があり、それを支える多くの科学者たちの協力があったことはいうまでもない。

科学的コンセンサスは得られていた。スウェーデンの科学者たちは、ナチュラル・ステップの四つのシステム・コンディションが、人類の文明化と生物学的多様性を脅かす問題に取り組むための、科学的に有効な枠組みになっていると主張しているし、アメリカの科学者たちも賛同している。

羅針盤としてのナチュラル・ステップ

私たちは現在、自然の持つ浄化能力をはるかに超えた廃棄物の排出、それによる気候変動、生態系の破壊、そして資源の枯渇といった問題に直面している。人間の活動が有限な地球環境の容量(汚染を浄化する能力の許容量)や、質(品質)を劣化させるまでになってしまった。

今後さらに来世紀の中頃までに地球人口は現在の倍、百億人に達し、これらの人々が一人当たりで消費するエネルギーや資源は、第三世界の経済成長にともなって現在の倍になると予測される。

技術や社会システムに変化がなく、現在と同様な環境負荷をもたらすものであれば、二一世紀中頃には現在の四倍の資源やエネルギーを消費し、地球環境への負荷も四倍になってしまう。

既に限界が見え始めた地球環境の容量がさらに四倍の負荷に耐えられるとは思われない。(だからこそ資源生産性を四倍向上させる、ファクターフォーが必要になる!)

劣化し続ける地球の環境容量、そして増加し続ける環境負荷、我々は今どんどん先細りになる「ファネル(漏斗)」の中に閉じ込められている、とナチュラル・ステップは表現する。ファネルが完全に閉じてしまうまえに、先細りになる世界をくい止め、ファネルを開く方向に向かわなければならない。

まずは「我々はファネルの中にいる」という認識が必要である。

ファネルを狭めていっているもの、その限界についていてアンテナを張り、気をキャッチしなければならない。ファネルの中にいることを気づかない企業や政府は、間違った行動でまた壁にぶつかり、さらに無駄な努力を重ねてまた壁に当たるといった結果になるだろう。まるで真夜中の暗い海を羅針盤なしで航海するようなものだ。

ファネルの存在を教え、その開く方向を指し示してくれる羅針盤が絶対に必要になる。

①ファネルの概念

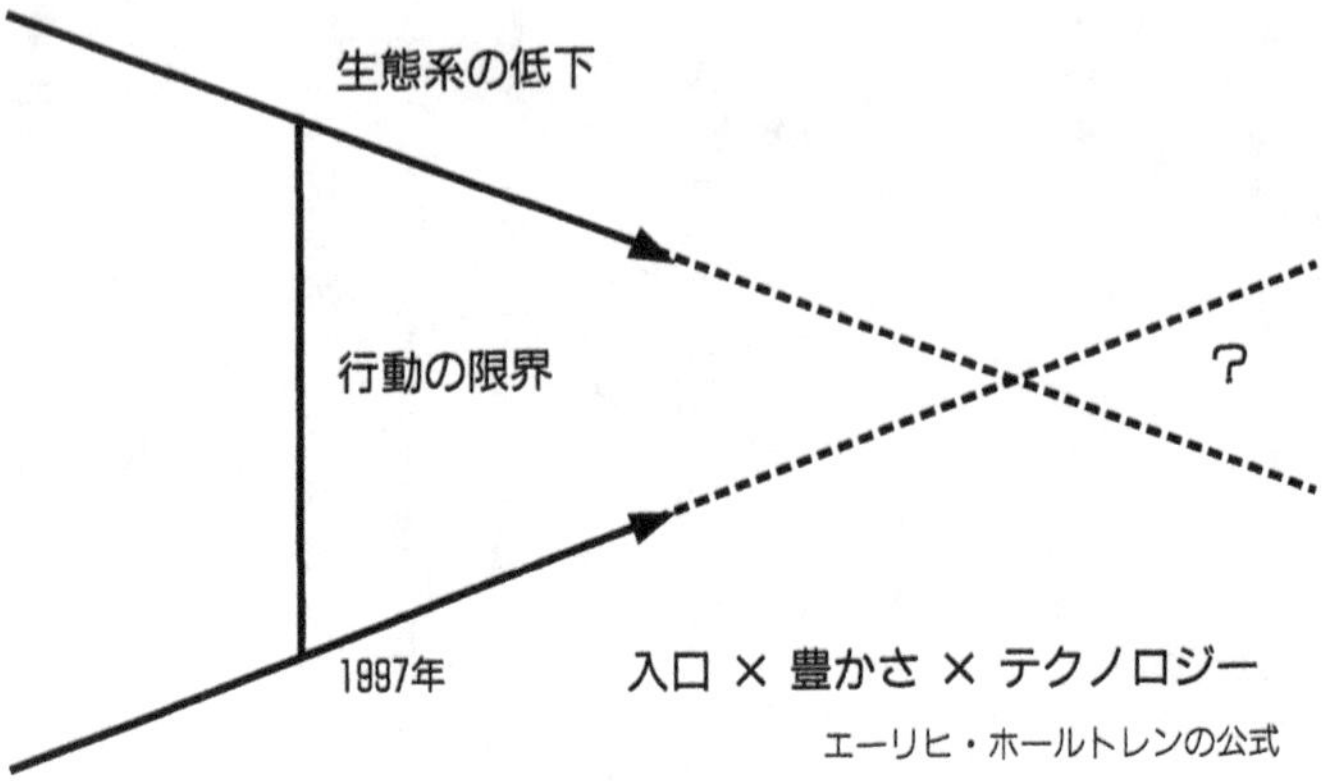

②壁にぶち当たる

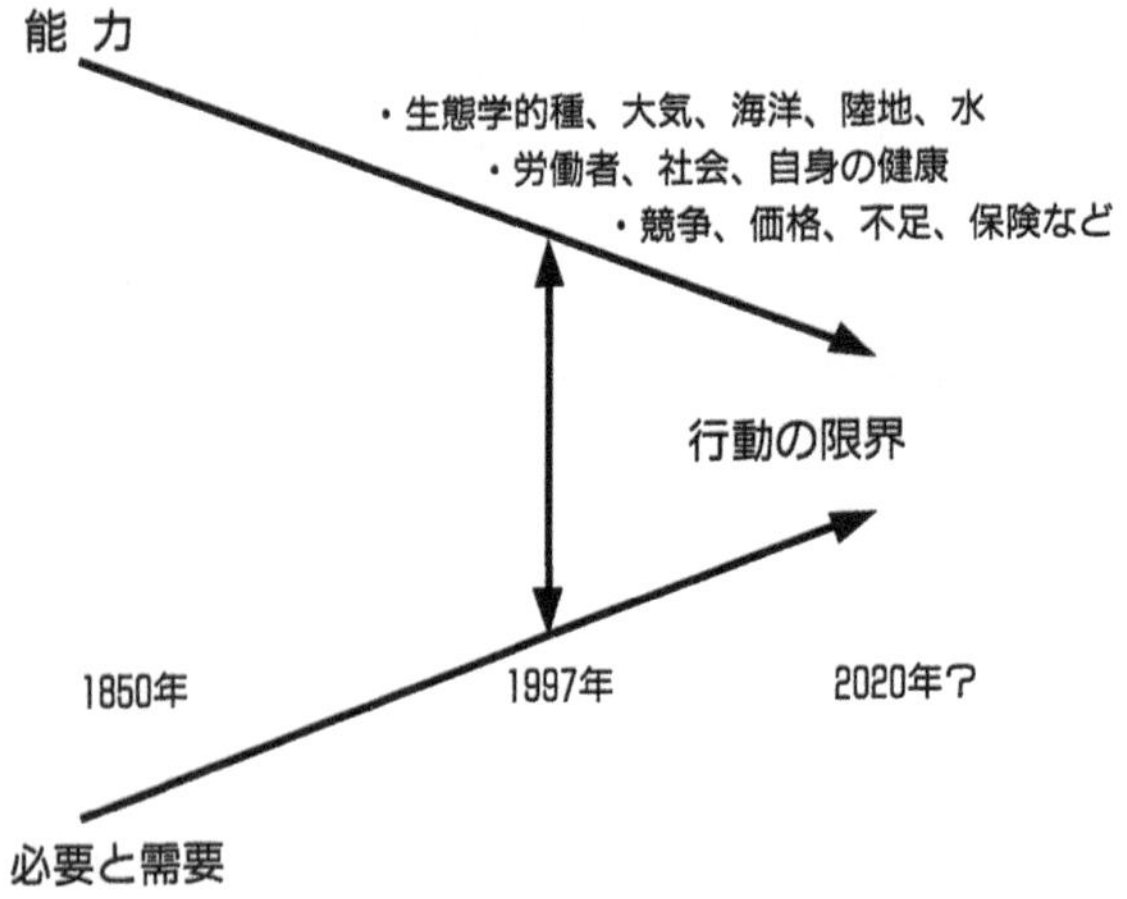

③持続可能な未来

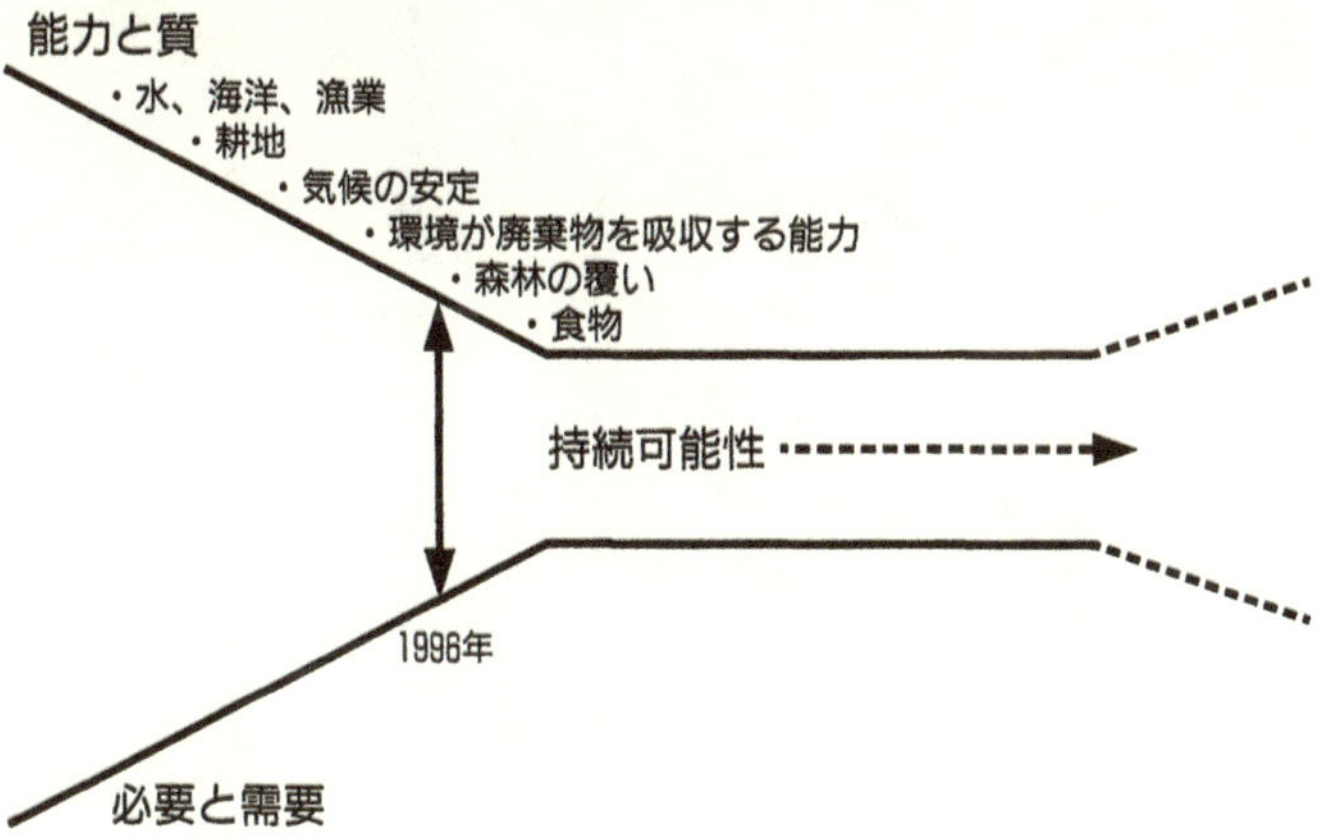

④将来への投資（戦略的企業と防衛的企業の違い）

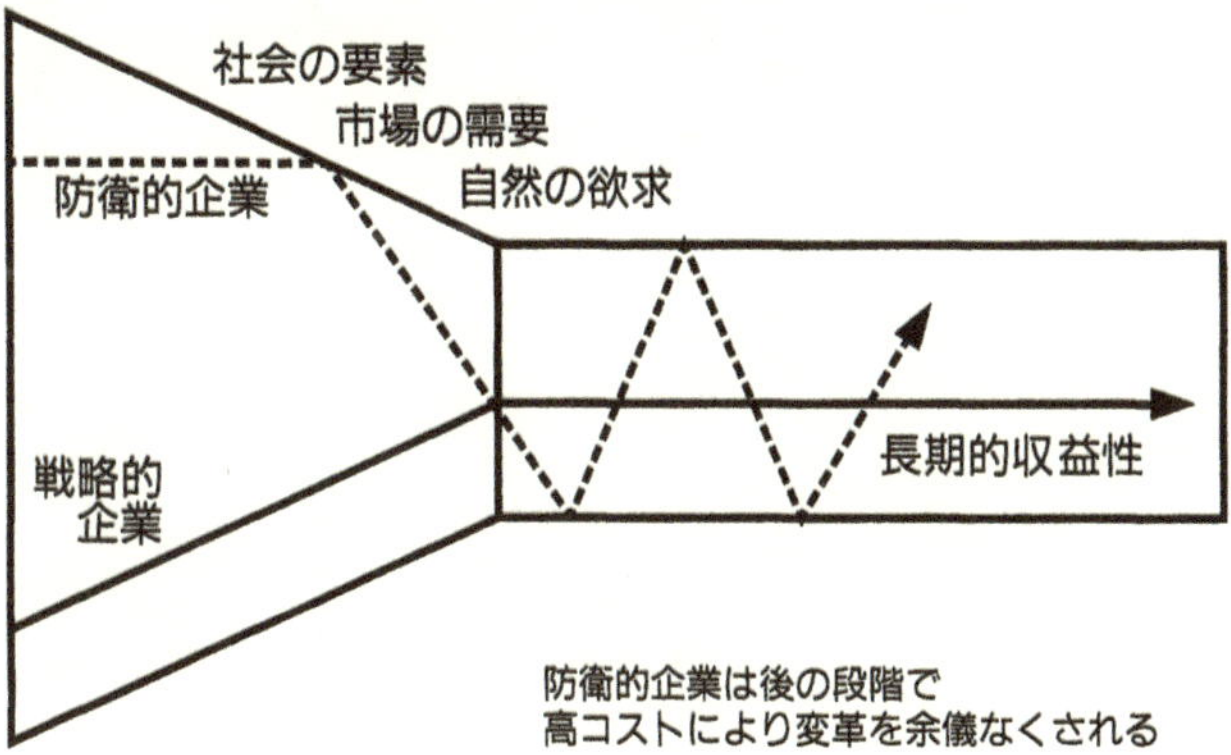

ナチュラル・ステップのシステム原理こそ、まさに羅針盤なのである。

企業がそれぞれの利潤を追求していることは当然であるから、これを否定するものではないし、ナチュラル・ステップを段階的に導入すればいいのだ。ナチュラル・ジャンプではなく、ナチュラル・ステップと命名されているゆえんである。実践した企業が即座に環境維持を実現できなかったからといって、もちろんビジネスの価値を云々するのもおかしい。むしろ今後は、安全で利潤を生むとわかっているものに対してのみ投資を心がければ、系統立った活動を続けることができるではないか――。

羅針盤を使って最終的に環境維持を達成するためには、どのような段階を踏めばよいのか明らかになれば、企業は現在の投資がすべて自然の法則に沿った道を進んでいくための基礎となるのだと確信できる。

挑戦する企業はこんな成果を上げている

最後にナチュラル・ステップを取り入れ、実践して、具体的効果を上げたいくつかの企業の実例を紹介しよう。

・インターフェース・カーペットは、エネルギー、廃棄物、水、物質保護によって経費削減を実現し、会社の知名度を大幅に上げた。
・マクドナルドは、有名なブランドがさらに知れ渡るようになった。
・スキャンディック・ホテルは、売上が伸び、顧客が増え、従業員の士気があがり、生産性が高まっている。
・エレクトロラックスは、新しい製品やサービスをつくり、新しいマーケットを開拓している。そして業界ではその競争力が改めて見直され、評価されている。
・イケア・インターナショナルは、店舗ごとにごみの量を減らしてリサイクルを進めるプログラムをスタート。ごみの処理にかかった経費がなくなり、逆に利益を上げるようになった。しかもごみの量は七五パーセントも減った。現在、イケアのデパート全店で〝ごみは金なり〟というプログラムが推進されている。

ざっと以上がナチュラル・ステップの概要である。

私たちの会社の他に、いくつかの会社がナチュラル・ステップ採用を検討中である。

ナチュラル・ステップ普及のための法人組織を日本にも設立すべく、スウェーデン在住の高見幸子さんを代表とする準備委員会が昨年東京で設立され、ユニークなリサイクル企業であるスミエイト株式会社社長の熊野英介氏、環境教育のベンチャー企業「オイコス」の創始者藤原仁志氏、それにわが社の環境・品質部企画責任者の吉田敬史君らが中心になって精力的に準備を進めてくれている。

わが国の企業教育の分野で多大の実績を持つ日本能率協会の関係者からの支援もいただいており、年内にもナチュラル・ステップ・ジャパンが設立できることを期待している。ナチュラル・ステップの考え方が普及すれば、企業の環境対応はいよいよ「持続可能な社会へ向けての交響楽」の第二楽章に入ることになるだろう。

第五章　日米文化の違いを持続可能な経済活動に活かそう

ジェットコースターが教えてくれた日米の違い

一九五八年の夏、初めてアメリカの地に足をつけた時、私は友人にブルックリンのコニーアイランドへ連れて行ってもらった。そしてあのジェットコースター・サイクロンに乗ることができた。その時の感動は、今でも忘れられない‥‥。

アメリカにいる！　これぞアメリカだ！　という興奮に近い感動があった。

なんと大きく、なんとエキサイティングな国なんだろう‥。

これがその時の私の率直な印象だった。

コニーアイランドを離れ四〇年経った今でも、あの感動は胸に焼きついている。大学での勉強、アメリカの会社での勤務、三菱電機アメリカで働き始めてからも、私はずっとあの時の体感を忘れたことはなかった。

思い返せば、すでにその時から、ジェットコースター・サイクロンに乗った時から、私はアメリカと日本の決定的な違いをなんとなく肌身で感じ取っていたのかもしれない。

今日まで、アメリカ、日本が経済的に緊密な関係になればなるほど、その違いは明確になってきたし、文化の面でも基本的な相違点が当然顕在している。

その相違点は、もちろん、お互いに多くの望ましい影響力を与え合ってはいるが……。

本書のテーマである環境問題と新しい経済について考える時でも、まずアメリカとの文化の相違点を吟味して、まったく新しい観点から考えてみるのも面白いと思う。

私たちと違い、アメリカ人はばかでかい車に乗って、燃料を使い放題使って、消費癖が強い。環境問題の世界的会議でも結局のところは妥協しない、と思っている日本人が少なくないだろう。

片やアメリカのマスコミでは、時に日本人の環境への取り組み方を酷評する。アメリカより取り組み方が遅れている、と評価されることが少なくない。

「ポリューション」が日本語では「公害」であり、字に表せば「公的妨害」、これは日常生活の流れを疎外するもの、例えていえば交通渋滞や水不足、うるさい地下鉄騒音など、なんにでも該当する、とアメリカのメディアはいう。

あたかも欧米は地球規模の環境を懸念し、日本は極めて卑近なレベルでの環境問題に対してのみ懸念しているようないい方である。

しかし、果たしてそれは本当だろうか――。

現実はそうか。

結論からいえば、私の考えは違う。

実際は、日本とアメリカのどちらもが、ある意味で相手に後れを取り、別の意味で相手を凌いでいると思われる。つまり私たち日本人が持つ長所と短所は、私たちが環境に対してどの方向からこれを捉えるかによって、どのようにも変えられるのである。

長良川環境問題の受け取り方

日本の近年の代表的な環境問題に、長良川保護をめぐるダム建設反対の運動がある。

長良川に計画された巨額のダム建設に抗議した数千人規模の集会が行われた時、参加者たちは異口同音に、

「日本最後の自然の河川を守るために戦っているのだ」

と言った。

当時のニューヨーク・タイムズ紙では、日本のデモをけなし、長良川にはすでに人間の手が加えられ形が変わっている、もはや〝自然〟ではないのに、と評していた。同紙はま

た、デモに参加する日本の活動家たちがダム建設に反対するのは、漁師の仕事が奪われてしまうため、とも断定していた。

「日本人は欧米の環境保護活動家の言い訳や行動をまねしているだけだ……。だが欧米の活動家を衝き動かしている根本的な価値観にまで、彼らは取り組んではいない」

と厳しい批評を提示した。

これはある意味では正しいのかもしれない。つまり日本の環境保護の活動家たちは、アメリカのほとんどの活動家と同じような理想は抱いていないのだろう。

しかし、やはりアメリカのそれと同じくらい、あるいはそれ以上に強力な、違う種類の力を持って、日本人は環境問題に取り組んでいたと私には思われる。

日本式の理想というものがあったのではないか——。

私たち日米の文化間には、相違点が多々あり、代表的なものが環境、つまり西洋、東洋の環境保護の理想に対する違いであった。

相違点は、大きく分けて三つに分けられる。これら三つの相違点は、企業が環境プログラムを構築する上で生まれる問題点と素晴らしいチャンスの誕生の両方を、明らかにしてくれると思う。

活動家個人に注目するアメリカ人

まず第一の相違点は、アメリカが個を尊重し、日本が集団を尊重する点。

アメリカやほとんどのヨーロッパ諸国は、創造的でひときわ優れた個人、自己の才能によって思考やテクノロジーで成功を収める人間を多々輩出している。これがおそらく、環境問題において、世論がどうしても活動家個人に注目してしまう傾向の理由になっている。

一方、日本では、集団の中で自己の才能を発見するのが通例である。集団に協力することで、全体を理解し、ともに働くことができる、継続的な改善を図っていくことができると考える。

前者は、文化を再評価する突破口を生み出すアプローチになり、後者は文化を形づくるきっかけとなる継続的改善を深めるアプローチになるだろう。

エジソンの電球、フォードの流れ作業、テイラーの労働分割、どれも欧米の革新によって、突発的に、根本的な文化改革につながった一例である。そしてこれらはどれも、日本人が最も重視するプロセスの継続的改善、新しいアプリケーションの開発へと活用されたのである。

私たちのオートメーション化した流れ作業、集団志向を強めた労働分割——、こうした日本が行った改革の一つひとつがすべて、結果とプロセスの継続的改善がもたらしていたといえる。

アメリカ人にとって自然は〝結果〟

ここから第二の相違点が浮かび上がる。

アメリカ人は成果を尊重し、日本人はプロセスを尊重する——。

アメリカでは、自然はあくまでも結果なのである。自然を収穫し、あるいは自然を見物させるために囲いをつくり、入場券を発行する。道路を舗装する。もとのままにしておくなら、中に人間を立ち入らせてはならないのだ。

しかし、日本では自然は結果ではない。

プロセスである。日本人は人間を自然の一部と見なして、ゆえに長良川も自然の川と見なす。日本の活動家たちは、だから長良川を守ろうとした。プロセス、一つの伝統を守るために。何世紀にも渡って、農民、漁師たちは長良川を守ってきた。他の自然の産物と同様に神聖なものとして、日本人は長良川を考えてきた。

だからこそ、対立を嫌う文化の中でも、多くの人々がこの運動に参加して、ダム建設反対を叫んできたのである。

競争を好むアメリカ人

三つ目の相違点は、アメリカは競争を尊重するが、日本は協力を尊重する。

だからといってもちろん日本人に競争心がないとか、アメリカ人が協力の大切さを理解していないというわけではない。だがアメリカ社会は、競争を愛する心の上に成り立ち、学校、スポーツ、ビジネス、政治、すべてに競争を好む傾向が非常に強い。

だからこそアメリカの企業は、時に対立する場合が多い環境保護活動家との関係を維持しつつ、その主張も理解できる。相手を好ましくは思っていないかもしれないが、理解はできる、そういった感じだ。

片や日本人は、絶えずコンセンサスに向かって努力することを怠らない。

全員が一致するまで待つ。関係者すべての間で同意を得るため、長い時間がかかる入念なプロセスを大切にする。

だから日本の企業は、アメリカと違う。日本では仮に集団の中で一人が抗議の声を最初にあげ、正しい順序を踏まずに無礼な口調で語ろうとすると、おそらく誰も耳を傾けはしないだろう。ただし、もめごとが起きた時には、威厳を持って決定する努力を怠らない。一人としてかやの外に置くようなことはしない。面と向かって対立してしまっては、対話ができなくなると、双方が感じ取っている。

このため日本の環境保護の活動家たちは、策が尽きるまで、なるべく公の場で抗議運動に訴えることは本能的に避けようとする。それはアメリカ人がいうように、理想がないからではない。アメリカ式の抗議のやり方では、自分たちの主張の妨げとなると知っているからである。

さて、以上あげた三つの相違点――個人vs集団、結果vsプロセス、競争vs協力――は、日本人とアメリカ人の環境保護に対するアプローチを正反対に位置づける。

環境問題への対応はこんなに違う

昨年十二月、京都で「気候変動枠組み条約」の第三回締約国会合、いわゆるCOP3が開催され、その結果二〇〇八年から二〇一二年の間に先進国の温室効果ガスを一九九〇年比で平均五％削減する約束（議定書）が取り交わされた。削減率が何％になるのか、欧州、アメリカ、日本の駆け引きについてマスコミが連日取り上げたのは記憶に新しい。

この会議の交渉の経緯、当初の日米の主張と最終結果を見ると、まさに日米の環境問題への対応の違いが凝縮されているのに気がつく。

当初、日本の優秀な官僚たちは「差異ある目的の設定」を唱え、各国のGNPや人口等の指標を織り込んだ芸術的な数値目標の数式を提案。我が国にとっては名目五％減、実質二、五％減、考え方によっては0％減で済むような案を提案した。対象ガスも二酸化炭素だけとし、森林等の吸収は「科学的に明らかでない」との理由で、排出削減だけの約束をすることを主張していた。

排出権取り引きや、海外との共同実施についての積極的な提案や議論は国内ではほとんど見られなかった。

一方、米国は削減の数値目標については沈黙を守りながら、対象ガスは代替フロン等六種にすること、森林の吸収を考慮すること、そして排出権取り引きや、共同実施等、最小コストで最大成果を達成する経済的手法をメインに据えることなどを始めから基本軸としていた。

結果はどうだろう。

米国は日本の六％削減を上回る七％削減で合意したが、大切なのはこの数値ではなく、その条件、つまり対象ガス、森林の吸収、経済的手法などが米国の主張通りに落ち着いた点である。

後から考えれば、温室効果ガスが二酸化炭素だけでないなら、そのすべてを対象とするのは当たり前、森林が二酸化炭素を吸収し地球温暖化に対して緩和効果があるなら、その影響を考慮するのは当たり前ではないか。

森林吸収効果の測定手法が未確立、二酸化炭素以外のガスの排出データが十分得られないなどという理由から、これらを除外するのはあまりに視野の狭い見方ではないか？　米国案のほうが元来はるかに包括的、システム的、合理的ではないだろうか？　日本ではなぜ米国のような合理的な案が出てこなかったのだろう？

その鍵はクリントン大統領が昨年十月、米国の気候変動問題への対応の基本スタンスについて演説した中味に見て取れる。

要旨はこうだ。

「気候変動問題は人類が遭遇した最大の課題であるとともに、アメリカ人にとって最高のチャンスだ。われわれはイノベーションと活力ある競争が世界一得意なのだ。この問題に、起業化精神を高揚し、アメリカ経済を強くするような方向で取り組もう！」

これに対してわが国の感覚を述べるとすれば、「この困難な課題を克服するためには、産業界のみならず、国民全てが責任と義務を分担するしかない」といったところではないか。

早速、省エネ法改正強化の政府案が国会に上程されている。オイルショック並みの規制が必要との意見も出ている。

これをチャンスと見て、イノベーションと競争を楽しもう、儲けよう、という意見は少なくとも表面には現れてこない。

攻めで捉えるか、受け身で捉えるか、そこに日米の対応の根本的違いの源泉がある。

「勝つ手法」の実験を怠らないアメリカ

もう一つの違いの源泉は、結果重視、競争重視のアメリカ人が「自由市場経済」ルールのゲームの中で「勝つ手法」について実験、イノベーションを怠らないことからきているように思う。

アメリカは九〇年にクリーンエア・アクトという大気汚染防止のための法律を大改正し、この中で二酸化硫黄（SO2）排出削減の手法として排出権取り引き制度を導入、大成功した。全米の発電所にSO2の排出量を割り当て、規定を超えて排出量を削減した発電所には、余った「排出権」を他の発電所等へ売れるようにした。取り引き市場ができ上がった。その結果各発電所は競って排出削減に努め、予期したより早く、より多く削減することに成功した。こうした成功体験、制度運営の経験が、CO2問題に対しても「排出権取り引き制度」を適用しようという提案のもとになっている。

残念ながら日本にはこうした経験がない。

森林の吸収を織り込む件も、今後検討しようというような提案ではないのである。

じつはフューチャー500は昨年から環境NGOの「ドリーム・チェンジ」という団体と共同で会員に「カーボン・クレジット」といういわば二酸化炭素の排出権を提供している。ドリーム・チェンジはアマゾンの熱帯雨林をナショナル・トラスト運動のような形で入手し、その地域の原住民とパートナーシップ契約することで、彼らに昔ながらの持続可能な生活を継続しつつ森を守るよう委託する。その熱帯雨林が吸収すると見積られる二酸化炭素の量を会員に分割して提供するのである。

会員は、例えば1ヘクタールを自分の名義で購入すると、3.5トン／年の二酸化炭素を吸収する能力を買うことになる。米国人は一人当たり約4トンの二酸化炭素を排出しているので、カーボン・クレジット1ヘクタール相当分を持つ人は、「私は自分が排出したものはほとんど自分で吸収している」と主張できる。

こうした制度には、「二酸化炭素の排出削減をめざす真の努力に水を差す」という見方もできるだろうが、一方「森林の環境保全のための経済価値を明らかにする」という積極的な見方もできる。熱帯雨林の消滅が危惧される昨今、木材の価値としてだけではなく、二酸化炭素吸収効果はじめ、森林のもつ多様な経済価値が市場経済の土俵に登ってくることは好ましいことではなかろうか？

DREAM CHANGE

POLE－ 0228

561-622-6064 P.O. Box 31357 Palm Beach Gardens, Florida 33420 www.dreamchange.org/dreamchange/

カーボン・オフセット券（1枚で1.5トン／年）

PRESENTED BY GLOBAL FUTURES TO

TACHI KIUCHI

ONE ACRE OF

RAINFOREST PRESERVATION

Global Futures is pleased to present Tachi Kiuchi with this certification that one acre of rainforest is being preserved in your name by the indigenous people who rely on it, through a partnership with the Achuar people under which they will be able to keep their forests standing, and avoid sacrificing them to timber, oil, development, and cattle interests Under this partnership, you will

Preserve one acre of rainforest in the Amazon
Preserve it under the tenure of the Achuar people who live in harmony with the rainforest
Help preserve biological diversity -- the different animal and plant species of the forest
Help preserve cultural diversity -- the ways of life of peoples who can help us live in harmony with earth
Reduce at least 1 5 tons of carbon pollution, through programs that, like forests, serve as a "sink" for carbon

Rainforests are vital to the health and vitality of our planet They are home to two-thirds of the world's plant and animal species They help purify the atmosphere of excess carbon dioxide from automobiles and factories And they are a vital source of diversity that helps sustain the ecosystem Yet every second of every day, an acre of rainforests is burned, bulldozed, or ravaged As these rainforests are lost, so are the human cultures and communities that comprise part of our own species' diversity

The Achuar are a nation of 4,000 Amazonians who live deep within the rainforests of Ecuador They have only recently been contacted by missionaries, and are working hard to preserve traditional values in the face of threats to their forests, homeland and ways of life In 1995, the Achuar asked John Perkins and the Dream Change Coalition to join in partnership with them to form the Friends of the Achuar Nation (FAN), to seek to preserve one million acres of rainforest as the first indigenous-owned ecological preserve in Ecuador Now, Global Futures has arranged with FAN and Perkins to further expand the partnership with this program We intend for this to be just the first of many similar partnerships among a variety of organizations and indigenous nations

December 1997

Thank you for making programs like this possible

Bill Shireman, President

熱帯雨林１エーカーの保全証書。カーボン・オフセットとも呼び、年間1.5トンの二酸化炭素吸収の証明となる。

本件の良否についての議論はさておき、昨年の京都議定書交渉で米国が森林の吸収を織り込むように主張した背景には、ドリーム・チェンジ等、米国のNGOがすでに実施している「カーボン・クレジット」等の取り組み実績があることを肝に命じる必要がある。

森林の経済価値を市場経済に織り込む手法のトライアルはすでに始まっているのである。

市場経済から外部化されていた環境を内部化する手法、自由市場経済を真に継続可能な社会に向けて機能させるための改革への様々なトライアル、技術開発一辺倒ではなく、社会経済システムの変革、資本主義のゲームのルールの改革にイノベーションが求められている。

二〇〇八年には、一体米国と日本はどこまで行っているだろう。エネルギーや資源効率化の競争、つまり資源生産性はどちらの国が進んでいるだろう。排出権やネガワットの取り引き市場は活況を呈しているだろうか？　森林の経済価値はどう変わり、国土に森が再生されているだろうか？

すべてはこれからである。日本人は集団の力と驚くべき我慢強さで、決められた目標はきっと達成していくだろう。

できればその時日本人、日本社会が元気であってほしい。規制や規則でがんじがらめになって、元気のない社会を子供たちに残したくない。

アメリカは世界の情報革命をリードしたあのイノベーションの力、天才的ひらめきとそれを育むダイナミックな市場経済を環境分野でも開花させるのか？

情報産業のシリコンバレーのような環境ビジネスのメッカがコロラドあたりに姿を見せているだろうか？　マイクロソフトならぬエコソフト（？）の急成長が神話になっているだろうか？

私はどちらかが成功し、どちらかが失敗すると二者択一で考えたくない。

どちらの生き方でもいいから両方が成功すること、さらには双方が互いによい特性を活かし合って、イノベーションとその定着を促進し、われら共通の地球、その未来を守っていくことを願っている。

個人の才能、イノベーション、自由市場経済に最高の価値を置くアメリカの人々と、集団と継続的改善を重視する日本の人々の双方の長所、攻めと守りの重要性を私たちは忘れてはならない。両者が合わさった時、世界は初めて一つになるだろう。

エピローグ

去年の夏のことだった。

私は、久しぶりに来日したポール・ホーケンと大手町のホテルで食事をしていた。

ナチュラル・ステップの日本支社づくりのことで簡単な打ち合わせをした後、私たちはコーヒーを飲みながら窓から見える皇居の、新緑の森を眺めていた。蝉の鳴き声が車の通行の少なくなった通りの向こうから、かすかに聞こえた。

「ミスター・キウチ、あの森を見ていると、森林は無秩序に群生したカオスのように見えるけれど、じつはきちんとした体系を持っているんだね」

ポール・ホーケンはまじめな顔でそういった。私は頷いた。

「一見カオスだが、厳然とした秩序があるね」

「ミスター・キウチ、VISAの名誉会長リホクが好んで使う言葉に、『ケイオーディック(Chaordic)』というのがあるのを知ってるか。カオス(Chaos)とオーダー(Order)の二語をくっつけた造語で、混沌と秩序のちょうど中間という意味なんだ」

ケイオーディック？　初耳の言葉だった。

「リホク会長は会社をケイオーディックな組織にしたいと、常々語っている。どういう意味かといえば、VISAは本社がどこにあって、どういう形態の組織なのかが、端から見て捉えにくい。

しかし、VISAは圧倒的なネットワークづくりで高いシェアを誇り、世界中誰もがその名を知り、信頼している。ニューヨークで、ロンドンで、上場しているわけではないのに誰もが〝VISAカード〟は知っているという事実。その状態。混沌としているような、秩序だっているような、その中間のようなところにこそ、一番多様なものが生まれるのだと、リホクは主張している」

カオスとオーダーの中間、ケイオーディックな組織とは、常に学習している機能、常に学ぶという態勢がある組織、つまり熱帯雨林的企業そのものではないか——。

私たちはそこで、これからつくるナチュラル・ステップの日本の組織も、従来の環境保護団体のような、昔ながらのピラミッド形組織ではなく、ケイオーディックな組織にしたいと語り合い、夢を紡いだ。熱帯雨林的な共生と競争のある企業、混沌と秩序のぐちゃぐちゃとなった企業にこそ、新しい可能性はある——。

私がめざす三菱電機も、熱帯雨林的未来企業である。

まず手始めにやりたいことが四つある。

一つは、女性に評価されるような会社にしたい――。

「働く女性を応援する会社」というアイデンティティをつくりたいと思っている。

「あの会社は私たちの声を聞いてくれる」と女性にいわれるような企業づくり。徹底的に働く女性を応援して、

「あの三菱電機はどうなの？」

と、女性同士で気軽に話題にしてもらえるような会社づくりをしたいと思う。何しろ人口の半分は女性であり、その感性、他人を思う心、パートナーシップなどは、これからの経営に大変必要だ。これまで女性の働きや能力を企業が規制し、限定してきた。しかしそれではもう企業生命は続かない。命取りとなる。

二つ目に思うことは、例えば

「あの会社に行くと、本社でも研究所でも工場でもやたらと外国人が多い」

といわれる企業。

「しかもその外国人たちが、みんな生き生きとして働いている」

といわれるような企業。それを私はめざしている。

多様性、である。

時世に、環境に、未来に、共同体の中の隣人に機敏に反応していくには、多くのいろいろな目や口、耳、そして心が何よりも大事。それはいろんな人がたくさん集まっていてこそ、可能なのだ。

単細胞ではだめ。何を聞いても「検討します」では、もう通用しまい。〝検討します社員〟が大勢を占める企業は、もはや危機的存在だろう。ソニーなどは、放っておくと社員が次々といろんなことをやりたがって、潰すのに大変なんだと、ある管理職がぼやいていたほどだ。羨ましい限り。そんな企業をめざしたい。

そして三つ目は、情報公開(ディスクロージャー)。

情報公開をしないと、仲間に入れないし、仲間がつくれない。情報公開がないと、メディアも興味を持ってはくれない。メディア、マスコミの理解を得られない企業は、半ば繁栄のきっかけをつかみ損なっているといってもよいのではないか。どんなに素晴らしい政策があっても、メディアの理解が得られなければ、メッセージは世の中には伝わっていかないのだ。

コミュニケーションができない——、致命的である。かのビル・ゲイツは、ここがうまかった。企業のリーダーはマスコミをどうやって味方につけるか、今後はそこの才能が問われる。その才能が大きな魅力となる。メディアが興味を持ってくれる企業、それは情報公開を積極的にする企業、社会に対して発信するメッセージがはっきりある企業だ。

そして最後の四つ目が、環境である。


最初の三つの目標は女性、外国人、すなはち「多様性」と情報公開だが、これらは環境と共生するニューエコノミーを実現してゆく基盤だと考えている。

大量生産、大量消費、大量廃棄のモノカルチャー経済の破綻にともなって、それに最も適応してきた日本のモノカルチャー社会が壁にぶち当たっているのは当然であろう。

モノカルチャーの破綻は工業経済にとどまらない。第三世界で声高に叫ばれるようになった化学物質漬けのモノカルチャー農業、林業の破綻、単純な還元論で多様性の価値を見失ったシステムの破綻が全世界を覆いつつある。

20世紀末の世界の閉塞状況を打破するキーワードは「多様性」。

そしてモノカルチャーで中央集権、護送船団方式の時なら必要ではなかった「情報公開」が多様性に立脚するシステムでは不可欠である。「情報公開」は多様なものが共生してゆくための必須条件なのである。環境がモノカルチャー思考の限界を教えてくれた。そして次に進むべき道を環境が教えてくれている。多様性へ、情報公開へ、そして共生へ、あらたなシステムをめざせと。だから私は「環境」を社の柱にして、女性、外国人と、出る釘の社員達と共に明るいニューエコノミーへの道をいち早く歩みたいと思っている。

「環境の問題の原点とは何か」。

と問われれば、私は躊躇なく、

タフであること

と答える。

タフ――――。肉体的にも精神的にも、タフであること。これが最も大切な〝環境問題〟ではなかろうか。いささか唐突かも知れないが、私はそう思う。

現代は、多くの人がみんなメンタルの面でへばってしまっている。

メンタルがやられるのは、フィジカルが弱いからだ。

根本的に、一人ひとりの人間が、もっと肉体的に強くなることだ。

私が毎日腕立て伏せをしたり、四二キロのフル・マラソンをこの十年間に二七回も走り抜いたのは、自分の身体の中に強い規律をつくるためだ。

最近はその回数も半端ではない。

次ページの表を見てほしい。私の手帳の一ページのコピーであり一九八二年より、毎月の腕立て伏せの回数が記録されている。表中の三ケタの数字は、単位が百。つまり一九八二年一月の124とは、一か月で一万二四〇〇回腕立て伏せをやったということ。この十七年間でおよそ五百万回こなしている。

今年一月は五万回、二月は日数が少ないから、四万六千回だった。

社ではハイヤーの送迎はお断りして、地下鉄通勤をしている。身体を鍛えるためと社会を知るためである。時には自転車通勤もする。アメリカ在中の間は、ボストン、ニューヨーク、ロサンゼルスのフルマラソンに計二七回出走し、すべてを完走した。

大きな声ではいえないが、階段を二段ずつ上がるのはなんでもないが、二段ずつ下りられることのほうが意味があると私は思っている。二段ずつ下りると足がもつれるような人は、会社に来てもらいたくない。

本当の環境問題は、強い肉体に裏付けられた精神力で乗り越えるべき、と私は思う。

ただ、日本ではとかく誤解されがちなのが、言葉のイメージ。「精神力」と聞くと古くは

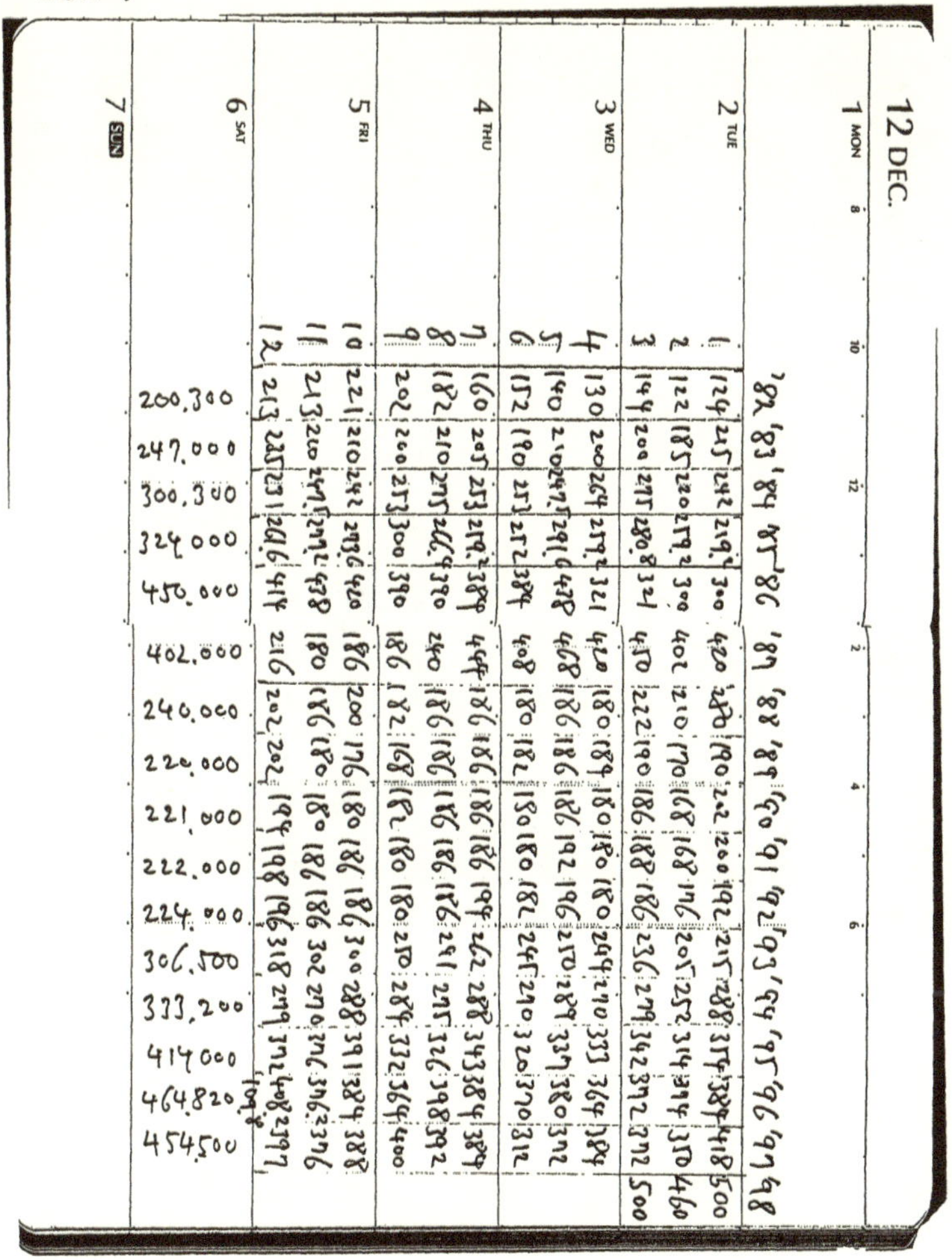

腕立て伏せの記録を克明に記した私の手帳

竹槍、根性、安易な精神論に陥りがちだ。私がいいたいことは、本来の人間が持っていたはずの力、自然治癒力など強靱さとも呼ぶべきか――。

人工的な何かに支えられた豊かさではなく、自分が持っている力をどんどん高める意志の力――。

昨今は社の内外で非難されるため止めているが、真冬でも私は、ランニングの下着と半袖のワイシャツを愛用している。休日にはランニング・シャツと半ズボン、ゴム草履で家の近所をうろうろするため、妻に嫌がられている。

とかく、環境問題というと、暗くなりがちな傾向は歪めない。

この風潮をなんとかしたい。なんとかできないか。暗いイメージを払拭するには、やはり〝強さ〟しかないのかもしれない。

この本の執筆に大変な興味を示し、献身的な協力をしてくれたわが社の吉田敬史君のように、今、企業の環境対策の最前線で責任を担う人たちは数多い。

私は老婆心ながら、最後にそんな後輩諸君へ〝暗くならない話〟をしておこう。

人生で大切なことは、四つ。

私が企業人として生きてきた人生の重要なものは、四つに要約できる。

まず第一は、〝自分〟。

自分の妻と家族。人生にはいろんなことがあるが、どんなことがあっても、一番大切なのは自分の妻と家族なんだと、はっきりいえる自分。それをきちんと認識したい。

第二は、規律、ディスプリンだ。

なんでもいい。みんなが一人ひとり自分の規律を持っていてほしい。

私が自らに定めた規律にはいくつかあるが、一年一年を四行で総括するというのも一例だ。

中学生から始めてこの年齢に至るまで、一年一年がどんな年で何があったか、はっきりいつでも答えている自分がある。一九××年はどんな年だった？　と聞かれれば、パッと答えられる。

今、ある人と、初めて出会ったとしよう。

いろんな話をして、個人的な話題に及んだ時、私たちは出身地や出身校、血縁関係、職業などに、お互いの共通項を見い出そうとする。ところが、ひとたび外国に出てみると、出身地や出身校はアイデンティティの話題にはなり得ない。お互いが共通の話題を生むためには、年代が必要になってくる。

「一九七三年はオイルショックの年だったね。私は……をしていて」

「ああ、その時なら私は…」

こうして初めて、お互いの会話が進んでいく。

学生時代から今日までの、異なった肩書きで、違った住所の自分の名刺を一枚残らず保存するのも面白い。

子供たちからは、

「おやじは女々しい」

「暗い過去をそんなに大切にしてどうするの」

と冷やかされたりしても、何十年の間にたまった自分の名刺は、自分の歴史、大切にしてある。

第三は、〝誰を知っているか、誰に知られているか〟。

人生を豊かにするのも、貧弱にするのも、仲間次第。年をとればとるほど、自分が誰を知っているか、誰に聞けば何がわかるか、自分は誰に知ってもらっているか、誰が何を頼んでくるか、とても重要になってくる。

この関係こそが、人生の醍醐味をつくってくれることを忘れてはいけない。

そして最後の四つ目は、

〝何をしたいか〟。

「一体全体自分は何をしたい人間なのか」

今日は、今週は、今月は、今年は、何をしたいか、考えようではないか——。

多忙な一日の間隙を縫って会議を行い、途中パッと質問しても、十八人中八人が
「検討します」

と答えるから困る。ウイ・ウイル・スタディ（We Will Study.）。

これは俗にＷＷＳといい、つまりノーのことだ。

人生の大半は、出会いの勝負で決まる。常に問題意識をきちんと持っていなければ、チャンスを見逃し、ピンチに潰されてしまう。

これも熱帯雨林の中で教えられたことだ。

社会も、事業も、家族も、自分も、熱帯雨林の有《あ》り様《よう》をつぶさに観察し、謙虚に学ぶ姿

勢を崩さなければ、新しい息吹が加わり、今まで見られなかった姿になる、と考えている。

〈著者略歴〉

木内　孝（TAKASHI 'TACHI' KIUCHI）

1935年ドイツ・ハンブルグ生まれ。慶応義塾大学経済学部卒業。三菱電機㈱に入社後、カナダ・ブリティッシュ・コロンビア大学へ留学、経済学修士。三菱エレクトリック・セールス・アメリカ副社長、本社海外業務部長、海外第一事業部長を経て、88年三菱エレクトリック・アメリカ会長に就任。93年取締役、95年常務取締役に就任。97年から本社　常務取締役コーポレートコミュニケーショングループ担当。

滞米中はビジネスはもとより、数々の活動を通して地域社会に積極的に貢献したことにより、92年外務大臣賞、95年日米協会国際市民賞を受賞。南カリフォルニア大学、クレアモント大学、カリフォルニア大学バークレー校など５つの大学、ロサンゼルス地区商工会議所、アメリカ赤十字、ロサンゼルス室内管弦楽団など15の団体に属し、９団体の役員を務める。95年12月に米国にて設立されたフューチャー500の創立者。現在は環境保護、資源保存、働く女性を応援する活動に積極的に参加、海外での講演も多い。

趣味はスカイダイビング、マラソン（27回完走）のほか、ジェットコースターに乗ること。３男１女、孫２人。

著書に『アメリカで働くということ』『お早うございます。木内です』がある。

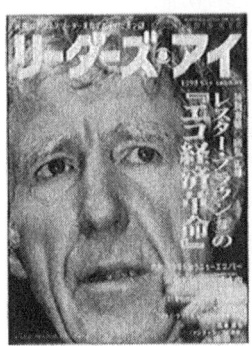

New Economy

Published by Tachibana Shuppan, Inc.

Republished in cooperation with toExcel,
a strategic unit of Kaleidoscope Software, Inc.

For information address:
toExcel
165 West 95th Street, Suite B-N
New York, NY 10025
www.toExcel.com

ISBN: 1-58348-138-9

Library of Congress Catalog Card Number: 99-60374

Printed in the United States of America
0 9 8 7 6 5 4 3 2 1

www.ingramcontent.com/pod-product-compliance
Lightning Source LLC
Chambersburg PA
CBHW030928180526
45163CB00002B/496
9781583481387